KB202372

싱글,
행복하면
그만이다

Saving Women's Future

OHITORISAMA NO ROUGO

ⓒ CHIZUKO UENO 2007

Originally published in Japan in 2007 by HOKEN CORPORATION

Korean translation rights arranged through TOHAN CORPORATION, TOKYO

and ERYC YANG AGENCY, SEOUL

Korean Translation Copyright ⓒ Eat&SleepWell Corporation

싱글, 행복하면 그만이다

우에노 치즈코 지음 | 나일등 옮김

이덴슬리벨

들어가며

사람은 누구나 나이를 먹으면 혼자가 된다. 오래 살수록 더욱 그렇다. 결혼을 한 사람도 결혼을 하지 않은 사람도 결국에는 모두 혼자가 된다. 특히 여자라면 이런 각오를 미리 해 두는 것이 좋다.

저출산 고령화 사회인 오늘날, 여성에게 있어 '가족으로 사는' 기간은 점점 짧아지고 있다. 결혼을 한 경우에도 남편이 먼저 세상을 뜨는 것이 대부분이다. 자식은 많아도 하나나 둘, 그나마 언젠가는 집을 떠난다.

그렇다면 여성으로서 행복한 삶을 살기 위해서는 '가족으로 사는' 데 필요한 노하우만큼이나 '혼자서 사는' 데 필요한 노하우를 익히는 것이 필요하지 않을까. 여자라면 누구나 언젠가는 혼자가 될 것이고 다만 그 시기가 남들보다 빠를 것이냐 늦을 것이냐의 차이가 있을 뿐이니까.

바로 그래서 싱글이면서 커리어우먼인 내가 나서 보고자 한다.

싱글로 사는 법에 대한 노하우라면 여러분보다는 내가 조금은 나을 것 같아서다. 이 책의 목표는 결국 혼자 남을 수 밖에 없는 것이 여자들의 운명이라면 차라리 싱글이 된 이후의 생활을 같이 즐기자는 것이다. 그렇게 되기를 바라며 나는 이 책을 쓰는 동안 풍부한 노하우를 축적한 '싱글 선배'들에게 그 지혜를 물었다.

선배들의 이야기를 듣고 깨달은 것이 있다면 '언제가 싱글이 된다는 것'은 자연스러운 것이며 결코 무서운 것이 아니라는 것이다. 또한 싱글이 된 이후에도 행복하게 살 수 있도록 도와주는 지혜와 스킬들이 가득히 축적되어 있다는 사실이다. "혼자는 너무 외로워~"라거나 "늙으면 누가 뒤치다꺼리를 해주지?" 같은 부정적 메시지는 이제 잊기로 하자.

그렇다고 아무런 준비를 하지 않아도 좋다는 것은 아니다. 좀더 즐겁게 살기 위한 스킬과 인프라를 만들어야 할 것이다. 다른 말로 하면 '어떻게 살 것인가'에 관한 소프트웨어와 하드웨어를 만들어 나가야 한다는 것이다. 이 두 가지 중에서 나는 '살아가는 법'에 해당하는 소프트웨어적 측면에 중점을 두고 이야기 하고자 한다.

이 책은 이미 싱글이 된 당신, 그리고 이제 곧 싱글이 될 당신을 포함한 우리들 여성 모두에게 보내는 응원의 메시지다. 나 역시도 이미 먼저 시작한 대선배님들로부터 수많은 응원의 메시지를 받았다. 이제 내가 여러분을 응원을 해 줄 차례인 것 같다.

환영한다. 싱글 라이프의 세계에 오신 것을!

한국어판 서문

　한국은 '압축적 근대화' 속에서, 일본이 그랬던 것처럼 아니, 일본보다 훨씬 더 빠른 속도로 저출산 고령화를 경험하고 있는 사회다. 한국이나 일본은 모두 나이든 사람을 공경하고 가족이라는 울타리 안에서 돌보는 것을 미덕으로 여기는 사회였으나 근래의 저출산 고령화 흐름 속에서 더 이상 전통적 미덕에만 얽매여 있을 수 없게 되었다. 지금 현재 우리들이 경험하고 있는 것은 일찍이 인류의 역사 이래 한 번도 경험해보지 못한 초장수, 초저출산화의 경향이다. 지금까지 누구도 겪어보지 못한 변화이니 지금까지의 '상식'이 그대로 통용되지 않는 것은 당연하며 따라서 상식을 바꾸어야 하는 것이 마땅하다.

　고령화에 대해 생각해보자. 오래 살면 살수록 남편이 먼저 세상을 떠날 가능성은 높아진다. 경우에 따라서는 자식이 나보다 먼저 갈 수도 있다. 그리고 예전과 비교해서 노인을 돌보는데 들어가는 비용은 훨씬 늘어났다. 오래 살수록 자식들이 짊어져야 할 부담은 배로 늘어나게 되는 것이다. 사정이 이러하니 '가족 안에서의 삶'만 믿고 여유롭게 지내던 시대는 이미 과거의 추억이 되어 버렸다.

저출산에 대해 생각해보자. 유례 없이 결혼은 늦춰지고 결혼하지 않는 사람도 늘어나고 있다. 모든 인구가 당연하게 결혼하던 '전원결혼사회'는 이제 끝났다. 결혼하지 않은 사람들, 결혼했더라도 자식을 가지지 않은 사람들, 자식을 낳더라도 기껏해야 하나나 둘을 낳고 출산을 그만두는 사람이 늘어나면서 대가족 안에서 자식과 손자들에 둘러싸여 지내는 삶은 먼 옛날의 일이 되었다.

이 책은 결혼을 했든 안 했든, 가족이 있든 없든, 모두 마지막에는 혼자가 될 수밖에 없으며 '혼자'라는 사실은 결코 무섭지도, 불행하지도 않다는 것을 독자들에게 전하기 위해 쓰여 졌다. 내가 자신을 가지고 이렇게 말할 수 있는 것은 이미 나보다 먼저 이런 삶을 경험한 여성들이 실제 사례들을 제시해주고 있기 때문이다. 나는 이러한 분들을 찾아다니며 이 책을 썼다. 그리고 그녀들이 축적해 놓은 지혜는 여성뿐만 아니라 남성들에게도 틀림없이 도움이 될 것이라고 확신하고 있다.

한국보다 아주 조금 먼저 이러한 변화를 경험하고 있는 일본 싱글의 지혜와 노하우가 한국 독자 여러분들에게도 도움이 되길 바란다.

우에노 치즈코

S a v i n g
W o m e n ' s
F u t u r e

감수자 서문

　이 책은 일본에서 무려 70만 부 이상 팔린 베스트셀러다. 게다가 이 책의 저자 우에노 교수는 사회학과 여성연구에 있어 일본 내에서 설명이 필요 없는 존재이기에 나는 이 책의 감수를 부탁 받기 전에 이미 이 책의 존재와 가치를 알고 있었다. 하지만 실제 내용을 읽어 본 것은 번역된 원고였다. 번역 원고는 훌륭했다. 원서의 뉘앙스를 제대로 살린 단어 선택, 고유명사에 대한 번역자의 세심한 주석 등, 한마디로 '충직한 번역'이었다. 번역본을 읽으면서 다시 원서를 찾아보고 싶은 생각이 한 번 도 들지 않을 정도로 내용이 정확하게 전달되었다.

　그러나 한편으로는 걱정되는 부분도 있었다. 이 책에 등장하는 수많은 참고 문헌과 인물, 고령자 관련 제도 및 지식 등은 한국 독자들에게 낯설게 느껴질 수도 있었다. 특히 국가 차원의 인프라에 해당하는 연금제도나 사회보장제도는 양국 간에 격차가 심해 그

부분의 이해를 돕는 한국의 실정 소개가 필요해 보였고 한일 간의 비교를 통해 부족한 부분을 보충하는 작업 또한 필요해 보였다. 아마 출판사에서도 이런 점을 염려하여 내게 감수를 요청했던 것 같다. 하여, 나는 7장을 통해 한국의 실정에 대해 설명하고 한국의 독자들과 소통하고자 하였다. 한국의 독자들이 이 부분을 통해 이 책은 그저 일본의 이야기일 뿐이라는 선입견을 줄이고 저자와의 공감의 폭을 넓힐 수 있기를 바란다.

저자는 이 책을 통해 '앞으로의 사회에서 여자는 결혼과 관계없이 결국 혼자 남겨질 것'이라는 이야기를 하고 있다. 기분 좋은 이야기는 아니다. 두려움이 앞서기도 한다. 그러나 저자는 두려울 수도 있는 현실 앞에서 담담한 어조로 하나하나 문제를 해결해 나간다. 그리고 아직은 젊은 우리들이 무엇을 해야 할 지 차근차근 짚어 준다.

일본의 사회제도나 경제적 수준이 부럽기는 하지만 그렇다고 해서 일본 사람이 느끼는 행복감이 한국인의 그것보다 반드시 높다고 할 수는 없다. 이와 마찬가지로 혼자 있을 때 보다 둘이 있을 때, 가족과 함께 있을 때가 반드시 더 행복하다고 할 수도 없다. 혼자가 되면 외로울 것이라는 것은 어쩌면 우리의 편견에 불과할 지도 모른다. 행복이란 생각하기 나름이고 우리의 정신은 통제가능하다. 결국 나에게 주어진 시간과 공간을 어떻게 활용할 것인가의 문제인 것이다. 그리고 우리는 다행스럽게도 이 책에서 그러한 '가능성'

을 발견한다. 저자는 '싱글로 남겨진 이후의 삶'의 행복도가 더 높을 수 있다는 것을 이 책을 통해 확인시켜 준다.

한국에서 오늘을 살아가는 여자의 한 명으로, 여성의 인생 후반부에 대해 조명하는 최초의 작업에 함께 하게 된 것을 기쁘게 생각한다. 그리고 이 책이 오늘을 살아가는 한국의 여성들에게 큰 도움이 될 것이라는 것을 믿어 의심치 않는다. 마지막으로, 이미 싱글이거나 언젠가는 싱글이 될 모든 여성들에게 던지는 우에노 교수의 소중한 이야기에 감수자로써 한 줄을 더하게 된 것을 더할 수 없는 영광으로 생각하는 바이다.

이완정

S a v i n g
W o m e n ' s
F u t u r e

차례

S a v i n g
W o m e n ' s
F u t u r e

제 5 장 : **도움** 받을 **준비**를 하자

제 6 장 : **어떤 식**으로 '**마칠**'것인가

S a v i n g
W o m e n ' s
F u t u r e

제7장 : 한국에서 여자로 산다는 것

용어해설

여자의 미래, '오히토리사마(おひとりさま)'

이 책의 원서에서는 '싱글'을 의미하는 단어로 '오히토리사마'라는 일본어가 사용되고 있다. 여기서 말하는 '싱글', 즉 '오히토리사마'는 우리 사회에서 일반적으로 이해되는 '결혼하지 않은 여성'에 국한되는 표현과는 차이가 있다. 저자는 결혼과 관계없이 83%의 여자가 혼자 남게 되는 것에 주목하며, 이미 혼자이거나 결국 혼자 남겨질 여성 모두를 일컬어 '오히토리사마'라고 표현하고 있다. 이 책에서는 '싱글' 또는 '혼자' 등 문맥에 따라 적절하게 번역 되었다.

'오히토리사마'란 원래 서비스업종에서 사용되는 접대용어로 레스토랑이나 커피숍 등에서 1인 손님을 지칭할 때 사용하는 말인데 일본어의 과잉한 존대표현 가운데 하나이다. 혼자를 의미하는 단어 '히토리(ひとり)'에 존칭의 접두어 '오(お)'를 더하고, 거기에 경칭의 의미를 갖는 '사마(さま)'까지 붙여 '혼자 온 손님'을 이르는 말로 사용되어 오고 있다.

일본 역시 여성이 홀로 음식점 등에 들어가는 데에는 높은 심리적 벽이 존재했었으나 최근에는 홀로 레스토랑이나 술집, 음식점 등을 이용하는 여성이 늘어나고 있는 경향이다. 또한 슈퍼나 상점에서도 '1인분'으로 준비된 반찬거리를 취급할 정도로 싱글 인구는 급격하게 증가하고 있다. 2005년 일본의 혼자 사는 세대의 비율은 전체의 11.3%로 중장년층뿐만 아니라 젊은층에서도 빠르게 늘어나고 있다.

이러한 사회적 변화는 '오히토리사마 마케팅'이라는 마케팅 개념으로까지 발전하여 새로운 사회 현상으로 일반화 되고 있으며 '오히토리사마', 즉 '결혼과 관계없는 싱글'은 앞으로의 가족과 개인, 특히 여성의 삶을 읽을 수 있는 매우 중요한 키워드가 될 것이다.

Saving

1

Women's

여자, '언젠간 싱글'

Future

결혼해도 안 해도
결국엔 모두가 혼자

결혼을 한 사람도, 하지 않은 사람도, 결국 마지막에 가서는 모두 혼자가 된다.

결혼을 하면 싱글의 삶과는 거리가 멀어질 것만 같은 우리의 상식과는 반대로 결혼한 여성들도 결국은 싱글이 되어 돌아오고 있다.

실제로 결혼한 여성들의 삶을 추적해 보면 65세 이상에서는 55%가 배우자 없이 살고 있다고 한다. 이들이 혼자 남게 된 이유를 살펴보면 남편과의 사별이 46.1%, 이혼이 3.5%, 처음부터 결혼하지 않은 경우가 3.3%이다. 절반 정도의 여성들이 남편이 먼저 떠남으로 해서 혼자 남게 되는 것이다. 이에 비해 남성의 경우 배우자가 없는 비율은 17%로 여성에 비해 혼자 남게 될 확률은 적은 편이다. 이러한 여성의 싱글 비율은 계속 증가하여 80세 이상에서는 무려 83%의 여성들이 배우자가 없는 싱글 생활을 하고 있다.

이러한 결과는 평균수명을 추적해 보면 더욱 잘 나타난다. 2005년 일본인의 평균수명은 여성이 85.5세, 남성이 78.5세로 가히 세계 최장수국이라 할만하다. 평균수명이란 0세부터 죽을 때까지의 기간을 가리키므로 2005년 발표된 평균수명은 조사 당시로부터 약 86년 전인 1919년 출생한 사람들의 평균수명을 나타내는 것이 된다. 그러면 예를 들어, 현재 50세인 사람은 아마 1919년에 태어난 사람들보다 더 긴 평균수명을 가지게 될 테니까 이들의 기대수명은 85.5세가 아니라 더 길어지게 된다. "55년 살았으니 이제 앞으로 30년 남았구나."하는 말은 틀린 이야기가 되는 것이 바로 평균수명의 특징이다.

앞에서도 말했지만 오래 살면 살수록 인구 비율에서 여성이 차지하는 비율은 높아진다. 0세 때의 출생성비는 선진국의 경우, 여성 대 남성이 약 100 대 105라고 한다. 2005년 일본의 경우, 연령이 높아질수록 여성의 비율이 증가하여 85세 이상의 여성과 남성 비율은 5:2로 과연 21세기는 '할머니들의 세기' 라고 일컬어질 만하다.

이렇듯 자연적으로 발생하는 싱글 할머니들의 급격한 증가와 더불어 최근에는 처음부터 아예 결혼을 하지 않는 젊은 여성 역시 꾸준하게 증가하고 있다. 한 때는 여성이 결혼하지 않았다는 이유 하나로 사회적으로 '문제가 있는 여성' 으로 낙인 찍히던 시대도 있었다. 일찍이 사카이 준코(酒井 順子) 씨는 『마케이누의 울부짖음(負け犬の

遠吠え)』이란 책에서 이 문제를 다룬 바 있다(한국에는 『결혼의 재발견』이라는 제목으로 홍익출판사에서 출간 되었다. '마케이누'는 '패자그룹'을 뜻 하는 속어로 여기에서는 결혼하지 않은 여자를 의미한다). 하지만 결혼하지 않는 여성의 수가 점점 늘어나고 있는 최근에는 나이든 여자가 '결혼하지 않았다' 는 것만으로는 더 이상 화젯거리에도 오르지 못하는 정도가 되었다. 이제 결혼은 여자의 인생에 있어서 하나의 선택이 된 것이다. 나이가 들어도 결혼하지 않는 여자들이 늘어나면서 "모두 함께 노처녀가 된다면 무섭지 않잖아요"라는 농담이 유행하기도 했으니 우리 사회가 그 동안 얼마나 많이 변했는지 짐작이 가고도 남는다.

이렇게 여성의 싱글 인구는 급속하게 증가하고 있다. 이혼이나 사별로 다시금 싱글이 되는 것을 가리켜 '돌싱(돌아온 싱글, 일본식 표현으로는 싱글 어게인 single again)'이라 한단다. '처음부터 싱글'이었건 '돌아온 싱글'이 되었건 간에 결과적으로는 모두 싱글이 되고 있는 것이다.

이 가운데 돌아온 싱글은 40대 후반부터 그 수가 눈에 띄게 늘어난다. 그 때부터 이혼이나 사별이 늘어나기 때문이다. 그 이전까지는 가족이 있는 사람과 없는 사람과의 라이프스타일이 매우 다르기 때문에 서로 간에 대화가 통하지 않는다는 말을 하기도 한다.

한 쪽에서는 "가족이 있는 사람하고는 대화가 안 통해요. 남편이나 아이들 이야기밖에 안 하니까요."하는 말이 나오고 다른 한 쪽에서는 그 반대의 경우를 이해하지 못한다. 하지만 40대를 넘기고 점점 '돌아온 싱글'의 수가 늘어나면서 서로간의 이러한 고민은 사라지게 된다. 그리고 이 두 부류는 서로의 「재회」를 반기며 축하한다. "웰컴 투 싱글 라이프. 싱글 라이프에 오신 것을 환영합니다."

싱글도 준비가 필요하다

"반갑습니다! 기다리고 있었어요!" 이런 기분이 드는 것은 나도 마찬가지였다. 처음부터 쭉 싱글로 지내오던 나 역시 어느 시점부터인가 다시금 싱글로 돌아오는 친구들과 재회하게 되었다. 그리고 뭐야~ 조금만 기다리면 결국 모두 똑같아지잖아, 라고 생각하게 되었다.

결혼한 여성들이 '가족으로 지내는' 기간은 그렇게 길지 않다는 이야기이다. 게다가 '가족으로 사는 기간' 동안의 여자의 모습 역시 예전과는 많이 달라져 있다. 자식은 하나 아니면 둘이고 진학이나 취업 이후엔 곧 집을 떠난다. 그 가운데는 오랫동안 부모에게 얹혀사는(parasite) 자식도 있지만 어른이 된 자식이란 기본적으로 하숙생 같은 존재이다. 더 이상 이전과 같은 돌봄은 필요 없다. 밥 차려주기 위해 부지런히 집에 돌아와야 하는 「5시 엄마」를 하지 않

22

아도 되는 것이다. 아이가 성장할 때 까지 주부의 통금시간은 저녁 식사를 준비하는 시간이었지만 애들 다 키워 놓고 나면 이제 밤늦게까지 마음껏 돌아다녀도 누가 뭐라고 하지 않는다.

이것을 가리켜 옛날 사람들은 '後家樂(일본어로 '後家'란 과부 또는 미망인을 뜻한다. 즉, 혼자 되고나서 가지는 인생의 즐거움을 뜻한다.)'이라 했다. 시끄럽게 구는 남편을 먼저 저세상으로 떠나보내고 「後家」가 되기만 하면 이제 내 인생의 봄. 아들은 엄마 말 잘 듣는 마마보이로 키웠겠다, 이제 집안의 실권을 손에 쥐고 오늘은 온천, 내일은 연극, 이렇게 놀러 다니는 것이 예전부터 일본의 여자가 '인생을 맺는 법'이었던 것이다.

그러나 초고령사회, 남편이 좀처럼 먼저 저세상으로 가주지 않으면 아직 젊고 기운이 남아 있을 때 즐길 수 없게 될지도 모른다. 아마 황혼이혼이 늘어난 이유도 "더 이상 기다릴 수 없어!"라고 생각한 여자들이 남편에 대한 최후통첩 시기를 앞당겼기 때문일지도 모른다. 한편 그녀들 가운데 어떤 경우는 남편이 있더라도 길을 잘 들여놓아 공식적으로 밤놀이와 여행을 즐기고 있는 사람들이 있기도 하다.

실제로 결혼한 친구들을 불러내 밤에 놀자거나 외박 여행을 가자고 꾀어도 흔쾌히 그러자며 술술 나오는 경우가 40대 중반을 넘긴 시점에서부터 늘어났다. 그리고 놀러 나온 친구에게 "남편 저녁은 어떻게 하고?"같은 촌스러운 질문은 서로 하지 않는다.

싱글에게는 파워가 있다. 무슨 파워냐 하면, 바로 자신의 시간, 그리고 가능한 경우 자신의 돈을 자기 자신을 위해 사용할 수 있는 파워다. '後家樂'을 즐기기 위해서도 조건이 필요한 것이다.

예전부터 주부의 시간은 대기시간이라고 일컬어져 왔다. 가사노동을 하는 데는 그리 많은 시간이 걸리지 않을지도 모르지만, 학교에서 돌아와 학원가기 전까지 집에 있는 딸의 간식거리를 챙겨주고, 서클활동을 마치고 허기져 돌아온 아들의 식사를 준비하고, 잔업으로 늦게 돌아온 남편이 아무 때고 데우기만 하면 바로 먹을 수 있도록 저녁 식사를 준비해 놓아야 한다. 어쩔 때는 갑자기 비가 내려 우산 없는 남편을 마중하러 차를 몰고 역으로 나가야 하기도 한다.

이렇듯 아내들은 자기 이외의 가족을 위해 시간을 비워두고 대기하는 데에 길들여져 있다. 모처럼의 휴일, 남편은 출장으로 나가고 아들은 축구 대회에 참가하러 멀리 떠나고 딸은 모의시험 준비로 집에 없는 날…… 갑자기 찾아온 그런 날, "자, 오늘 하루는 완전히 내 시간이다!"하며 얼마만큼 해방감을 느꼈는지 떠올려보기 바란다. 그런데 이렇게 해방감을 느끼는 것만으로는 그 시간은 즐거워지지 않는다. 이러한 시간이 생겼을 때, 그 시간을 즐겁게 보내겠다는 의지와 무엇을 할 것인가에 대한 준비가 있어야만 한다.

여기 돌아온 싱글의 사례를 하나 살펴 보자. 내 친구 에리코는 부부사이가 좋기로 유명한 친구였다. 그런데 50대 중반 쯤 생각지도 못하게 남편이 일찍 세상을 떠났고 주위 사람들은 그녀가 얼마나 상심했을까 걱정했다. 그러나 그런 주위의 걱정을 가볍게 떨어내기라도 하듯 그녀의 생활은 180도 달라져 풀 가동상태로 전환되었다.

"그 사람은 나에게 현재라는 시간을 선물해준 거야."

이것이 그녀의 해석이었다. 여자 50대, 아직 팔팔한 나이다. 하고 싶은 일이 많다.

남편 생전, 여행을 좋아했던 두 사람은 장기 휴가를 얻으면 부부동반으로 해외여행을 자주 다닐 만큼 금슬이 좋았다. 덕분에 여자친구들끼리 만날 기회는 많지 않았다. 그러나 현재 그녀는 시간이 날 때마다 친구들과 함께 멤버를 교체해가며 해외여행이나 온천여행을 다니면서 인생을 즐기고 있다. 그녀의 집도 각종 활동의 중요한 무대가 되는 일이 많아졌다. 어떤 선거에서 여성후보를 응원했을 때는 그녀의 집이 선거본부가 된 적도 있다. 나 같은 경우에도 그녀가 돌아온 싱글이 된 이후부터는 스스럼없이 하룻밤 신세지러 갈 수 있게 되었다.

사이가 좋은 경우라면 부부 여행도 즐거울 수 있지만 만약 그렇지 않다면 둘만의 여행은 「고문」이 될지도 모른다. 여행지에서도 뒤치다꺼리를 해야 하는 것은 언제나 아내 쪽이기 때문이다. 미국 통계에 따르면 긴 휴가 직후에 이혼율이 급증한다고 하니 부부가 둘만 있게 된다고 해서 항상 좋은 것이라고는 할 수 없는 것이다.

그러나 어느 날 갑자기 싱글이 되었을 때, 모두가 에리코처럼 될 수 있는 것은 아니다. 행복한 싱글이 되기 위해서는 그만한 조건을 갖추어야 한다. 우선 건강해야 하고 시간이 있어야 한다. 그리고 자유를 즐기기 위해 필요한 돈이 있어야 하며, 마지막으로 전적으로 자기 자신만을 위한 공간이 필요하다.

에리코는 혼자 남겨졌다는 두려움을 뒤로 하고 싱글이 된 이후의 삶을 즐기고 있다. 어쩌면 외로워서 견딜 수 없는 고통이 될 수도 있었을 그 시간을 누군가의 눈치를 살피지 않아도 되고 누군가를 위해 시간을 비워두고 대기하지 않아도 되는 자신만의 시간으로 탈바꿈 시킨 것이다. 혼자 남겨진 시간은 지옥이 될 수도 있고 천국이 될 수도 있다. 그 시간이 어떤 시간이 될 것인가는 그 시간을 천국으로 만들어 줄 노하우가 있는가 없는가에 달려있다. 싱글에도 준비가 필요한 것이다.

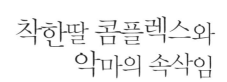

착한딸 콤플렉스와
악마의 속삭임

　처음부터 싱글과 돌아온 싱글의 가장 큰 차이는 바로 아이가 있는가 없는가이다. 여성에게 결혼 여부만큼 중요한 변수가 '자식이 있는가'이다. 결혼을 했더라도 남편을 떠나보냈다면 결국 혼자 남는 것은 마찬가지이다. 그러나 결혼을 한 사람에게는 자식이라는 존재가 남는다. 하지만 과연 요즘 세상에 자기 노후를 자식들에게 맡길 수 있다고 믿는 사람이 얼마나 될까?

　최근 일어나는 변화 중에서 가장 두드러지는 것이 자식과의 동거율이 떨어지고 있다는 것이다. 65세 이상에서 자식과의 동거율은 1980년에는 약 70%였는데 이것이 점점 감소하여 2000년에는 50% 이하로 떨어졌다. 대신 부부 둘이 같이 살거나 혼자 사는 세대는 늘고 있다.

　지금까지의 생활방식은 다음과 같다. 우선 부부 모두가 건강한 동안에는 부부끼리 지낸다. 그러다 어느 한 쪽이 쓰러지면 다른 한 쪽이 돌봐준다. 그리고 어느 한 쪽이 먼저 세상을 떠나면 자식 집으로 들어간다.

80대라면 자식의 나이도 이미 50대를 넘겼을 것이고 대부분은 떨어져 살고 있을 것이다. 아마도 자식과의 동거를 선택할 경우에는 부모 쪽이 지금까지 정들어 살던 집이나 마을을 떠나 자식이 사는 곳으로 이주할 수밖에 없을 것이다.

이 연령대의 자식 세대는 아직 한창 일을 해야 할 시기이기 때문에 직장이 있는 곳에서 멀리 움직일 수가 없다. 그리고 만약 아들 집으로 들어가야 한다면 이미 며느리는 자식들을 다 키우고 한 집안의 당당한 안주인이 되어있을 것이므로 「가풍」에 따라야하는 것은 며느리 쪽이 아니라 시어머니 쪽이 된다.

살던 곳에서 쌓은 정과 친교를 모두 잃고, 처음 보는 지역에 적응해야만 하고, 타인의 가풍에 따라야 하는데 삶이 행복할 리가 없다. 실제로 행복도 조사를 살펴보면 도중에 자식 집으로 들어가 동거를 하는 사람은 처음부터 동거를 했던 경우보다, 그리고 혼자 사는 경우보다도 행복도가 낮게 나온다.

나이들면 자식과 손자들에 둘러싸여 지내는 것이 행복이라는 생각은 급속하게 사라지고 있다. 자신이 8~90대 라면 자식이 5~60대, 손자는 30대가 될 수도 있는 연령이다. "손자를 무릎에 앉히는 것이 노후의 행복"이라고 이야기했던 전 나카소네 야스히로 총리의 말에, "30대 손자를 무릎에 앉혔다가는 대퇴골이 부러져버릴 것"이라고 말한 히구치 게이코(樋口惠子) 씨의 말이 떠오른다.

행복도 조사 결과를 보고 사람들이 그 방향으로 움직이고 있는 것은 아닐테지만, 부부 가운데 한 쪽이 먼저 세상을 떠나고 난 뒤에 자식과의 동거를 선택하지 않고 싱글로 지내는 사례들이 늘어나고 있다.

통계를 보면 자식과 떨어져 부부끼리 살고 있는 세대가 차지하는 비율은 1980년에 19.6%에 불과했지만 2000년에는 33.1%로 높아졌다. 사별 또는 이혼 등으로 혼자살고 있는 세대의 비율도 1980년에 8.5%에 불과 했지만 2000년에는 14.1%로 늘어났다. 자식과의 동거율이 줄어든 만큼 부부세대와 싱글세대가 늘어난 것이다.

그런데 이 '동거율' 이란 것을 들여다 보면 경제적 격차에 따른 동거 형태의 차이가 나타난다. 상층·중간층·하층으로 나누었을 때, 상층과 하층의 동거율은 낮고 중간층의 동거율이 높게 나타난다. 경제적으로 여유가 있는 상층으로 갈수록 동거율이 높아질 것 같지만 어째서인지 실상은 전혀 그렇지가 않다. 결과를 분석해보면 경제적인 능력과 자식과 부모의 동거율은 일반적인 상관관계가 없어 보인다. 이는 돈이 많다거나 적다거나 또는 집이 넓다든가 좁다든가 하는 같은 것은 동거를 결정하는 이유가 되지 않는다는 것을 의미한다. 이것을 어떻게 해석해야 할까.

하층에서는 같이 살고 싶어도 자식이 그럴 여유가 없기 때문에 "불효자 별거"를 하고 있는 것이고, 상층에서는 같이 살 정도의 여유는 있지만 따로 사는 것이 서로간에 편하기 때문에 일부러 별거를 선택하는 "선택 별거"를 하고 있는 것이다. 이에 비해 중간층은 차마 부모를 버릴 수는 없고 그렇다고 따로 따로 살며 두 개의 가정을 유지할만한 여유가 충분치도 않기 때문에 "마지못해 동거"를 하고 있는 것으로 해석할 수 있을 것이다.

"엄마, 혼자 있으면 적적하시잖아요. 그리고 가스 불도 걱정되고요. 이리로 와서 함께 살지 않을래요?" 만약 당신이 자식에게 이런 말을 듣는 다면 어떻게 하겠는가? 또는 당신이 자식이라면 어떤 마음으로 부모에게 이런 말을 하는 것일까?

나는 자식들의 이러한 권유를 '악마의 속삼임'이라고 부르고 있다. 자식도 사람이기는 마찬가지이다. 자식은 자신의 생활이 가장 중요하며 부모의 걱정은 그 다음인 것이 사실이다. 자식들의 속마음을 좀더 적나라하게 까발려보면 "불이라도 나면 피곤해지는 것은 우리들이다." 아니면 "쓰러져서 돌봐드려야 할 상황이 되면 멀리까지 다니기가 너무 고생이다." 같은 생각이 바탕에 깔려 있을지도 모른다. 또는 "마지막까지 돌봐드리면 부모 재산을 혼자서 독차지 할 수 있을지도 몰라." 하는 계산이 있을지도 모르고 "늙은 부모를 혼자 방치해 두다니……" 하는 세상의 눈이 신경 쓰일 뿐일지도 모른다. 이렇게까지 말하는 것이 너무 심하다면, "멀리 두고 걱정할 바에야 눈앞에 두는 편이 낫다"라고 하는 자기중심적 생각이나 "혼자 계시게 하는 나는 불효자가 아닐까?"하는 죄책감이 들어서 일수도 있다.

실제 조사에 따르면, '할 수 있는데도 그렇게 하지 않는 자신'에 대한 자책의 마음으로 부모를 모시는 경우가 있다고 한다. 이러한 것을 나는 '의무 돌봄'이나 '고집 돌봄'이라고 부르고 있는데 의무나 고집은 어디까지나 자식의 입장에 따른 것이다. 자식의 기분에 휘둘려서는 이야기가 되지 않는다.

자식을 가진 적이 없는 나로서는 잘 알 수 없지만, 부모인 사람들은 자식이 다 큰 이후에도 자식의 사랑을 갈망하며 자식의 눈치를 살피는 경향이 있다고 한다.

"엄마, 우리 집에 와서 같이 살아요."하는 자식의 제안을 궁극의 애정표현이라고 착각하는 사람들이 많다. 자식이 언제 그렇게 말해줄지 모르기 때문에 그걸 기다리며 집도 수리하지 않고 실버타운 입주를 망설이는 사람들도 있다. 이정도라면 언제 결혼상대를 만나게 될지 모르니까 그 때까지 자기 인생계획을 세울 수 없다며 무턱대고 세월만 잡아먹고 있는 젊은 여성을 비웃을 처지가 못 된다.

더욱 문제인 것은 자식 쪽에서도 그렇게 말하는 것이 궁극의 자기희생, 부모에 대한 효심의 증거라고 착각하고 있는 것 같다는 점이다. '마음만 먹으면 할 수 있는 일인데 그렇게 하지 못하는 자신'

을 책망하고 있는 딸이나 며느리를 나는 여러 명 알고 있다. 부모 쪽도 자식 쪽도 모두 착하고 성실한 사람들이다. 그렇기 때문에 "같이 살아요."라는 권유는 양쪽 모두에게 있어 '악마의 속삭임'인 것이다.

이렇게 말하고 있는 나의 경우에도 비슷한 경험이 있다. 어머니가 먼저 돌아가시고 혼자가 된 아버지는 은연중에 나와 함께 살고 싶다는 의중을 내비치셨던 것 같다. 이런 사실을 아버지가 돌아가시고 난 후 형제들로부터 들었는데 그 이야기를 듣고 나는 깜짝 놀란 적이 있다.

그리고 보니 아버지는 내가 파트너와의 동거를 정리하고 혼자 살기 시작했을 때 그것을 환영했던 구석이 있었다. 동거인이 있을 때는 안 그랬던 것이 내가 혼자가 되자 아버지는 내 집에 들러 며칠씩 머물다 가시곤 했다.

"같이 살고 싶다"고 직접 말하지 않은 것은 당신의 자존심이었을 것이다. "아버지, 같이 살지 않을래요?"하고 내 입으로 말해주길 바랐던 것이다. 내게는 직접적으로 말하지 않았던 당신의 바람을 형제들에게는 털어놓으셨던 것 같다.

만약 아버지가 내게 말을 했다면 과연 어떻게 되었을까 하는 생각을 가끔 해본다. 아마 나는 딱 잘라 거절했을 것이다. 자기중심적이고 자신의 스타일을 굽히지 않는 아버지가 나의 생활공간 속으로 들어오게 되면 서로에게 모두 참담한 결과를 가져오게 될 것이 뻔하기 때문이다. 1주나 2주 정도는 효도하는 딸의 모습을 연기할 수 있어도 한 달이나 일 년은 도저히 무리다. 이내 서로 충돌을 일으켜 심각한 갈등을 낳게 될 것이라는 것을 긴 세월의 경험으로부터 알고 있다.

기왕에 그렇다면 '착한 딸'로 있을 수 있는 거리를 두는 편이 좋다. 그것이 나의 현실적인 판단이었다.

나의 올케는 시아버지에게 "아버님, 저희와 같이 사세요."하고 말하지 못한 자신을 오랫동안 책망하고 있었는데 현실적으로 생각하면 따로 사는 것이 양쪽 모두에게 가장 좋은 해답이었다. 일본 사회에서는 "같이 사시죠."하고 말하는 것이 사랑을 증명하는 것이라고 여겨지고 있는데 바로 이것이 근본적인 문제다.

그러니까 "아빠 엄마, 우리랑 같이 살아요."하는 '악마의 속삭임'에는 딱 잘라 이렇게 대답하자.

"고맙다. 그렇게 말해주니 기쁘구나. 하지만 난 이 곳을 떠나지 않으련다."

이것은 무엇보다도 그렇게 하는 것이 서로를 위한 것이기 때문이다. "오, 그러니? 그것 참 듣던 중 반가운 소리구나."하면서 동거를 시작하면 그 순간 어렵게 찾아온 평온한 노후를 잃어버리고 부모자식 관계마저 망쳐버리기 십상이다.

자식 입장에서도 부모가 이런 식으로 단호하게 거절할 것이라는 것을 알고 있으면 안심하고 '절차'를 밟을 수가 있게 된다. 그렇게 하면 "나도 이야기는 했지. 근데 혼자가 좋으시다잖아. 어머니도 참, 말을 통 안 들으신다니까."하고 넘어갈 수 있게 되는 것이다.

부모도 자식도 모두 어지간히 '착한 어린이'가 되고 싶어 하는 것 같다.

중간에 자식 집으로 들어갔다가 부모를 돌보기가 힘들어진 자식으로부터 노인 시설에 들어갈 것을 권유받을 바에야 차라리 정든 내 집에서 마지막까지 혼자 사는 것이 나을 것이다. 그렇게 하기 위해서는 자식에게 기대지 않고도 안심하고 살 수 있을 만한 준비를 해야한다. 그 부분에 대해서는 차츰차츰 논하기로 하자.

싱글,
모습도 사연도 가지각색

세상에는 혼자가 되는 것을 선택한 사람도 있는가 하면 어쩔 수 없이 혼자가 된 사람도 있다. 반대로, 원해서 누군가와 함께 있는 사람도 있는가 하면 내키지 않지만 같이 살고 있는 사람도 있다.

사람이 혼자가 되는 사정도 여러 가지다.

이 책을 쓰기 위해 인터뷰를 시작하면서 느낀 것이지만 모든 사람들이 혼자가 되기까지의 길고 긴 스토리를 가지고 있게 마련이다.

"인간, 태어날 때도 혼자, 죽을 때도 혼자"라고 하는 것은 생물학적으로 말하면 옳지 않다. 태어날 때는 적어도 낳아준 어머니가 있다.

사회학에서는 사람이 태어난 가족을 '정위가족(定位家族, family of orientation)', 자신이 만든 가족을 '생식가족(生殖家族, family of procreation)'

이라고 하는데 정위가족을 가지지 않는 사람은 매우 드물다. 성인이 되고나서도 정위가족을 떠나지 않는 사람을 '파라사이트 싱글(parasite single, 부모에게 기생하는 자식)'이라고 부르는데 이러한 사람들은 결혼하지 않은 '싱글'이기는 하지만 독립적인 생활을 한다고는 볼 수 없다. (『パラサイトシングルの時代』, 1999년. 한국에는 2004년에 『패러사이트 싱글의 시대』라는 제목으로 출판되었다. 성신여자대학교출판부, 김주희 역.)

오늘날에는 진학이나 취직을 계기로 정위가족을 떠나는 젊은이가 많다. 통계상으로 싱글의 비율이 늘어난 것은 한편으로 미혼 독신세대, 지방의 고령자 단신세대가 늘어났기 때문이다.

내가 대학에서 열고 있는 세미나에서 한 학생이 졸업연구로 맞벌이 커플의 가사분담을 테마로 한 적이 있었는데 그 조사 결과에 따르면 혼자 사는 경험이 있는 남성은 일반적으로 가사노동 능력이 높고 자연스럽게 몸이 먼저 움직이는 습관이 들어있기 때문에 가사분담에 참여할 가능성이 매우 높다는 것이었다. 이왕 함께 살 남자를 고를 바에는 독신생활의 경험이 있는 남자! 입보다 몸이 먼저 움직여야 할 것이 조건! 이라고 한다.

또 한 가지. 대기업에 근무해 본 경험이 있는 사람들 중 상당수가 본사를 떠나 다른 지역으로 파견 근무를 하게 되는데, 이러한 사람의 대부분도 혼자의 생활을 경험하게 된다. 게다가 최근에는 기러기아빠와 같은 중장년 남성의 싱글화도 진행되고 있다. 이제 이런 남성들도 식생활이나 삶의 수준을 떨어뜨리고 싶지 않다면 혼자 사는 데 필요한 노하우가 요구된다. 이제 '싱글'은 미혼 여성만의 전유물이 아닌 것이다.

세대를 약간 거슬러 올라가면 여성이 싱글로 산다는 것은 꿈같은 얘기였다. 당시만 해도 결혼하지 않은 여성이 부모님과 떨어져 산다는 것은 꿈도 꾸지 못할 일이었다. 부모와 떨어져 살 수 있는 유일한 방법은 결혼뿐이었다. 그렇기 때문에 집을 나오고 싶다는 일념에 결혼을 하는 여자도 있었다. 당연하겠지만, 이러한 결혼이 잘 굴러갈 리가 없다.

얼마 전까지만 해도 행복한 결혼이란 아버지 손에서 남편 손으로 사랑스러운 딸을 건네주는 것을 의미했다. 결혼식은 여전히 그러한 의식을 답습하고 있다. "평생 따님을 지켜드리겠습니다."라는 말은 여자에게 있어 보호자의 인계를 의미한다. 대체 누구로부터 지킨다는 것인지. "평생 다른 남자들로부터 지키겠다."는 것이라면 이것도 쓸데없는 참견이다.

대부분의 여성은 부모의 손에서 남편의 손으로 떠넘겨져 곧 임신을 하고 출산을 해서 엄마가 되고 분주하게 아이를 키우며 살아왔다. 이전과 다른 것이 있다면 자녀 세대가 결혼하지 않거나 결혼 시기가 늦어져서 손자 세대가 좀처럼 태어나지 않고 있다는 점이다. 게다가 결혼하면 집을 나가 독립된 세대를 꾸리는 것이 상식이 된 탓에 집에는 결혼하지 않은 자녀들만이 남게 되었다. 여성의 만혼화가 가능하게 된 원인 중 하나가 여기에 있다. 딸이 계속 부모에게 기생할 수 있게 된 것은 예전처럼 "네가 집에 있으면 오빠가 며느리를 데리고 올 수가 없잖아." 하는 압력이 사라졌기 때문이다.

그러므로 많은 여성들에게 있어 혼자가 되는 과정은 자식이 한 명 두 명 떠나고 남편과 둘만 남게 되고 그리고 남편을 떠나보내고……의 긴 과정이 된다. 만약 "혼자되고 싶지 않아." 혹은 "남편하고 둘만 남고 싶지 않아."라고 생각하는 여성이 있다면 자식은 아주 중요한 자원이다. 그래서 자식이 나이를 아무리 먹어도 자립하지 못하도록 막으며 계속 본인의 수중에 두고 싶어 한다. 나이가 들어도 부모를 떠나지 않는 자식들 역시 이러한 부모의 숨겨진 욕망을 알고 이용하고 있는지도 모른다.

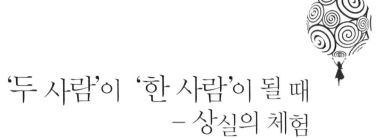

'두 사람'이 '한 사람'이 될 때
– 상실의 체험

싱글이 되기까지에는 '두 사람'이 '한 사람'이 되는 과정이 있고 거기에는 상실의 체험이 있다. 상실 가운데서 가장 상처가 큰 것이 배우자의 상실이다. 애견사망증후군(pet loss syndrome) 등이 화제가 되기도 했지만 그것과는 비교가 되지 않는다.

사이가 좋았던 커플에 한정된 이야기인가 싶거도 하지만 또 그렇지도 않은 것이 부부관계의 수수께끼이다. 커플 가운데에서도 특히 긴 세월 생활을 같이 해 온 부부는 그 관계가 애증과 함께 동아줄 얽히듯 서로 묶여 있다.

내 부모님은 결코 사이가 좋은 부부라고는 할 수 없었지만 아내에 대한 남편의 의존도는 대단히 높았다. 아니, 달리 별다른 선택이 없었기 때문에 생활도 감정도 무엇이든지 아내에게 의존할 수밖에 없었다고 하는 편이 사실에 가까울 것이다. 때문에 버팀목이 빠져 버리고 나면 와르르 무너져 버릴 수밖에 없다.

살아생전 어머니는 "내가 아니면 누가 이런 사람하고 같이 살 수 있을까."하고 불평하면서도(그렇게 말하면서도 난폭한 남편과 헤어지지 못하고 살고 있는 아내들이 많다) 혼자 남게 될지도 모를 남편을 걱정하기도 했는데, 반면에 "하루라도 좋으니까 이 사람보다 더 오래 살아서 일순간이나마 상쾌한 기분을 느끼고 싶다."며 빌기도 했다.

"제발 부탁이니까 엄마가 아빠보다 더 오래 살아줘."하는 우리 자식들의 간절한 바람에도 불구하고 어머니는 암으로 먼저 세상을 떠나버렸다. 나는 홀로 남겨진 아버지의 초췌한 모습을 보며 이제 아버지도 얼마 남지 않았구나, 하는 생각을 하기도 했다. 그 후 아버지는 아내 없는 독신생활을 10여년 가까이 계속했는데, "마마(아내)가 없는 내 인생에 추석이고 설날이고 없다"며 칩거와도 같은 생활을 보냈다. 문예평론가 에토 준(江藤 淳) 씨가 아내가 떠난 뒤 1년이 채 안 되어 자살한 뉴스가 보도되기도 했지만 이것도 로미오와 줄리엣처럼 사랑하는 아내의 뒤를 쫓았다고 하기보다는 정신적·육체적으로 버팀목을 잃은 인생을 주체하지 못했기 때문이었을 것이다. 이처럼 남자의 경우 아내를 잃고 나면 와르르 무너지기도 한다.

그러나 이 반대의 상황은 별로 일어나지 않는다. 최근의 데이터에 의하면 부부 사이에서 여성이 남성 때문에 받는 스트레스가 훨씬 크다고 한다. 또 남편이 있는 여성과 남편이 없는 여성을 비교했을 때 남편이 없는 쪽이 스트레스가 더 적다는 결과가 나왔다. 이해되고도 남는다. 그런데 그렇게나 서로 미워하던 커플의 경우에조차 남편을 잃고 난 뒤 비탄에 젖어 있는 아내들이 있다는 사실이 부부관계의 신비함이다.

만날 때마다 남편 흉을 늘어놓던 50대 후반의 여성이 남편을 병으로 잃게 되었다. 얼마 지나지 않아 약속장소에 초췌한 얼굴로 나타난 그녀는 이렇게 말했다. "없는 편이 나을 거라고 생각했는데 막상 떠나고 나니 이렇게 가슴에 사무칠 줄 몰랐어요."

아침에 눈을 떠 밤에 잠이 들 때까지 얼굴을 마주하고, 설령 대화가 없다하더라도 같은 식탁에 둘러앉아 같은 텔레비전 프로그램을 보고, 가끔은 텔레비전에 나오는 탤런트의 흉을 보기도 하고, 자식과 손자의 기쁨과 문제를 함께하고 매일매일의 생활을 함께 엮어온 상대는 '공기와도 같은 존재'가 된다. 하지만 '공기'이기 때문에 없어지고 나면 질식해버리고 만다. 사랑도 미움도 모두 관계의 깊이를 재는 척도. 옴짝달싹할 수 없는 관계를 수십 년 같이 해온 상대를 잃었을 때 느끼는 상실감의 깊이는 상상을 뛰어넘는 것이다.

하지만 그럼에도 불구하고, "잠깐만, 위험을 분산시켜 놓지 않은 당신에게도 책임이 있지 않나요?"하고 묻고 싶어진다. 누구에게나 하루는 24시간이다. 그 대부분을 가족과 함께 보내게 되면 가족 이외의 사람들과 보내는 시간은 자연스럽게 제한될 수밖에 없다. '마주하고 있어도 느끼는 고독'이라는 말이 있듯이 둘이기 때문에 고립되는 경우도 있다.

싱글이라면 싱글이어서 가질수 있는 장점들을 누리는 것이 좋을 것이다. 싱글이어서 가지는 장점 중 하나는 나를 대하는 상대방이 내가 커플일 때보다는 마음 편하게 말을 걸어 온다는 것이다. 식사를 할 때도 그렇고 외국 여행을 할 때도 그렇다. 얼마나 많고 다양한 사람들로부터 "밥 먹으러 오지 않을래?", "아예 자고 갈래?", "거실 소파라도 상관없다면.", "얼마동안 집을 비울 건데 그동안 집을 쓸래?"하는 제안을 받았던가. 그러면 나는 부랴부랴 호텔 예약을 취소하고 남의 집에 신세를 지러 가고는 했다. 만약 내가 커플이었다면 이런 일은 일어나지 않았을 것이다. 설마 커플에게 "거실 소파에서 잘래?"라는 말은 할 수 없을 테니까.

기미에 씨는 은퇴 후 별장에서 살고 싶다는 남편의 오랜 꿈을 따라 이사를 결정했다. 도시를 떠나 자연 속에서 부부만의 여유 있는 생활을 시작했을 무렵, 남편 몸에 이상이 있음을 알게 되었고 곧이어 암이라는 진단을 받게 되었다.

지방에서는 좋은 의료기관을 찾아 움직이는 것이 불편하다. 남편을 데리고 도쿄에 있는 병원까지 몇 시간이고 걸려 왕복하는 것도 한 두 번이 아니다. 주치의는 면역력을 높이기 위해서 본인이 좋아하는 생활을 하는 것이 가장 좋다고 조언했고 남편도 아침저녁으로 작은 새들이 찾아오는 산장을 떠나고 싶어 하지 않았다. 투병생활은 이인삼각이다. 두 사람의 정도 이전보다 더 깊어졌다. 그녀는 헌신적인 간호를 계속했고 남편은 그녀에게 감사하며 세상을 떠났다. 할 수 있는 최선을 다 했다는 달성감이 그녀에게는 있었다.

표고 1600m. 혹한기에는 도로도 얼어버리는 산장. 남편을 떠나보내고 난 후에도 70대의 그녀는 그곳을 떠나지 않았다. 그곳은 남편이 사랑했던 곳이었고 또한 남편과의 추억이 가득 남아있는 장소이기 때문이었다.

작고 아담한 생활이 가능하도록 설계된 산장은 살기에 매우 쾌적하게 보였다. 겨울나기를 고려해 만들어진 산장은 난방 시스템이 잘 갖추어져 있었고 그녀는 손님이 왔을 때를 제외하고는 거의 사용하지 않는 2층에서 1층으로 침실을 옮겼다. 도시에 살고 있는 아들이 "엄마, 같이 살아요."하지만 그녀는 이곳이 가장 좋다. 눈 덮인 베란다에는 한겨울에도 작은 새들이 찾아온다. 매일 아침 새들에게 먹이를 주는 것이 그녀 일상의 즐거움이다.

기미에 씨는 남편을 사랑하고 또 존경하고 있었다. 암이라는 사실을 알고 난 후에도 의연하게 병과 맞서며 또한 유머도 잃지 않았던 그의 모습은 충분히 존경스러운 것이었다.

'두 사람'의 마지막 장을 이런 식으로 맞이하기 위해서는 그 이전부터 부부관계가 좋지 않으면 안 된다.

사요코 씨는 싱글이 되고난 후 산(山)생활을 시작 했다. 50대에 남편이 뜻밖으로 먼저 세상을 떠났다. 성인이 된 자식들의 같이 살자는 권유에도 불구하고 그녀는 60대에 싱글 라이프를 선택했다. 태어나서 처음으로 자신의 의지로 집을 짓고 오랜 세월 살던 도시 아파트를 떠났다. 그녀는 허브와 난초를 가꾸는 데 소질이 있었는데 듣자하니 예전부터 이렇게 정원이 있는 집에서 사는 것을 꿈꿔왔다고 한다. 남편이 먼저 세상을 떠난 것은 불행한 일임에 틀림없지만 바쁘게 일하는 남편과 함께였다면 이렇게 자연 속에서 사는 삶은 아마 불가능했을 것이다. 그녀의 오랜 세월의 꿈이 생각지 못한 방식으로 이루어진 셈이다.

기미에 씨와 사요코 씨 모두 자식과 동거하거나 자식이 사는 곳 근처에서 살 수 있었음에도 그것을 선택하지 않았다. 두 사람 모두 야무지고 당찬 여성이지만 사요코 씨는 "남편이 있었을 때는 남편이 말하는 대로 살아왔어요."하고 말한다. 지금의 그녀를 보고 있으면 믿기 힘들 정도의 변화이다.

상실의 체험이란 고통스러운 것에 틀림없다. 그러나 상실은 동시에 자립을 가져다주기도 한다. 배우자를 잃는 경험에서 좀처럼 헤어 나오지 못하는 것은 남성의 경우가 더 많다고 한다.

기미에 씨는 남편과의 추억이 가득 남아있는 집을 떠나지 않았고 사요코 씨는 남편과 살던 집을 정리하고 완전히 새로운 삶을 출발했다. 같은 집에 계속 산다하더라도 동거인을 잃은 후의 싱글라이프는 그 사는 법이 다르다. 두 사람 모두 먼저 떠난 남편과의 관계는 좋았고 투병이나 간병에 있어서도 최선을 다했을 때 얻을 수 있는 충족감을 느끼고 있었다. 납득할만한 부부생활을 경험한 사람은 싱글 라이프도 납득하고 시작할 수 있는 듯싶다.

커플 어게인(couple again)의 가능성은?

50대에 사별 싱글이 된 기미에 씨와, 40대에 이혼 싱글이 된 히로코 씨에게 실례를 무릅쓰고 다음과 같은 질문을 던져보았다.

"남편을 잃고 난 뒤 다시 한 번 결혼하고 싶다는 생각은 안 해보셨나요?"

기미에 씨의 남편은 자신이 죽은 뒤 그녀가 혼자서 살아갈 생활의 기반을 모두 마련해 놓은 다음 그녀에게 감사하면서 세상을 떠났다고 한다. 그러면서 "재혼하지 말아줘"라는 말을 남겼다고 하는데 그녀는 그런 그의 말에, "자기 멋대로 라니까."하면서도 여전히 지키고 있다.

히로코 씨는 "당연히 생각 해봤죠. 하지만 내가 맘에 드는 남자는 모두 죽어버리는 바람에요."란다. 그녀는 연상에다가 존경할만한 남자가 아니면 눈에 들어오지 않는다고 한다.

나이를 먹으면 먹을수록 연애시장은 좁아진다. 그러나 연령이나 커리어에 집착하지 않으면 선택은 넓어진다. 파트너관계도 남자가 여자를 "지켜주겠습니다"의 관계에서 친구와 같은 관계, 나아가 연하라는 관계까지 여러 가지가 있다. 자신이 가지고 있는 의외의 일면을 발견하는 것도 만남이 가져다주는 발견일 것이다.

평론가이면서 싱글의 대표적 인물이기도 한 평론가 히구치 게이코씨는 30대에 사별하여 싱글이 된 이후 40대 때 재혼을 하지만 60대에 또 다시 남편이 먼저 떠나는 바람에 다시 싱글로 돌아왔다. 그녀의 이메일 주소에는 아버지, 첫 번째 남편, 두 번째 남편의 머리글자에서 따온 알파벳이 들어있다. 그녀를 성장시키고 격려하고 지지해준 3명의 남자들에게 감사한다는 의미라고 한다. 남자들로부터 받은 것이라곤 피해밖에 없는 여성들에게는 부러움을 살 이야기일지도 모르겠으나 그녀 세대에서 여자가 세상에 나오는 데는 남자의 멘토 역할이 매우 중요했던 점을 생각하면 이해가 가기도 한다.

로맨티스트로 이름이 난 히구치 씨에게 어떤 사람들은 이 주소의 유래를 듣고는 "4명 째는 어떻게 하실 거죠?"하고 묻기도 한다. 물론 농담이 아니다. '유통기한 지난 여자' 다 뭐다 하며 초조해하는 것은 미숙한 여자가 하는 말일지도 모른다. 원숙해지고 난 뒤의 인생도 길고 인생은 생각지 못한 만남으로 가득 차 있다. 70세를 넘겼다지만 무슨 일이 일어날지는 아무도 알 수가 없다.

내가 이렇게 말하는 데는 이유가 있다. 데이터를 보면 결혼을 좋아하는 사람은 몇 번이고 질리지 않고 결혼을 반복하는 반면 결혼하지 않는 사람은 끝까지 결혼하지 않는 경향이 있기 때문이다.

미국에서 활약한 화가와 결혼해 금슬 좋은 잉꼬부부로 소문났던 평론가 이시가키 씨는 남편이 죽은 뒤 채 1년이 안되어 재혼했다. 사랑했던 남편을 보내고 1년도 안 됐는데……, 하는 주위의 빈축을 뒤로하며 그녀는 이렇게 말했다.

"결혼생활이 너무 좋았기 때문에 다시 결혼하는 것에 주저함이 없었습니다."라고.

그녀의 두 번째 결혼생활은 단기간에 이혼으로 끝났지만 그 기분만큼은 이해할 것 같다.

이혼이 늘어남에 따라 재혼도 늘어나고 있는 것이 사실이다. 그러나 사별이건 이혼이건 내 주위의 돌아온 싱글들은 법적인 결혼을 선택하지 않는 경우가 많다. 한창 자랄 시기의 10대 아들 둘을 데리고 이혼을 선택한 사치코 씨는 애인은 있지만 재혼하지 않고 아들들에게 그를 '아저씨'라고 부르게 하며 왕래하고 있다. 가정을 돌아보는 일이 드물었던 남편에 비해 지금의 '아저씨'는 박식한데다 아이들과 잘 놀아주어서 아이들의 존경을 얻고 있다. 무리하게 '아버지'라고 부르게 했다면 민감한 나이의 아이들과의 관계가 과연 어떻게 되었을까하는 생각이 든다.

현재 자식 키우는 일에서 졸업한 두 사람은 단독주택을 팔고 같은 아파트의 각방을 쓰고 있다. 가끔 식사를 같이 하거나 여행을 하거나 하며 차분한 관계가 계속 유지되고 있다. 집에 찾아갔을 때 침실을 엿볼 수 있었는데 더블침대가 아니라 싱글침대였다. '싱글'을 기본으로 '가끔은 함께'라는 선택을 하고 있는 그녀의 라이프 스타일은 현명하면서도 행복해 보였다.

"혼자라서 외롭지요?"
참견도 작작 좀

혼자 산다는 것은 과연 외로운 것일까?

미국의 주택은 넓다. 광대한 토지에 초기 미국식 주택이 서로 조화를 이루고 있는 교외의 풍경을 보고 있노라면 일본의 주택가에서는 찾아볼 수 없는 풍요로움이 느껴진다.

뉴욕 북부, 코넬 대학이 있는 이사카(Ithaca)는 정원 바로 앞까지 다람쥐가 찾아오는 축복받은 마을이다. 그곳에 일본어교수법의 대가로 유명한 60대의 엘레노아 조던 선생이 살고 있다. 일본인의 영어학습법에 존재하는 결함을 간파하고 일본인 대상의 영어 집중 코스를 개설한 조던 선생은 수강생 전원을 초대해 자택에서 파티를 열어주곤 했다. 지금으로부터 20년 전의 일이다.

함께 파티에 참석했던 나의 동급생(물론 남자)은 파티에서 돌아오고 나서 이런 말을 했다.

"저렇게 큰 집에서 혼자 살다니. 틀림없이 외로울 거야."

순간 나의 전투모드에 불이 들어왔다. 당신이 참견할 문제가 아닐 텐데. 아마도 그녀가 이혼했다는 것을 염두에 두고 한 말이었는지도 모른다. 하지만 자식들을 모두 키워낸 이후 스스로 홀로 살기를 선택한 그녀. 부러워할 여지는 있어도 동정할 여지가 있을까?

바퀴벌레 같이 서로 모여서 사는 것을 "외롭지 않아"하고 착각해버리는 빈곤근성도 적당히 했으면 한다. 나이가 들어 혼자 사는 것은 "외로우실 텐데"하고 말하는 것도 이제 그만 했으면 한다. 요즈음은 특히 혼자 사는 삶을 스스로 선택하는 사람들이 늘고 있기 때문에 더욱 쓸데없는 참견이 되고 만다.

앞서 제시한 통계에서도 살펴봤지만 싱글의 수는 늘어가고 있다. 이제 우리의 의식을 바꾸어야 할 차례다.

Saving

2

Women's

어디서 어떻게 살 것인가

Future

'내 집'과 '가족과 함께'를 구분하라

　　가족으로부터도 일로부터도 졸업하고 이제 넘치는 시간을 오로지 자신만을 위해 쓰고자 한다면 우선 '나 혼자만의 주거공간을 마련할 것'이 최소한의 조건이 된다.

　　나이들어 싱글이 된 이후에 가장 문제가 되는 것 중 하나가 바로 어디서 살 것인가 하는 문제이다. 젊고 건강했을 때야 어딘들 문제였겠냐만 나이가 들고 몸이 예전 같지 않다면 문제는 심각해진다. 실버타운으로 들어갈까? 병원으로 들어갈까? 아니면 자식 집으로? 그도 아니면 역시 혼자 사는 것이 최고?

　　예전부터 신기했던 것이 있다. 연구를 위해 사람들을 만나다 보면 병원 신세를 지고 있는 사람이나 실버타운 같은 시설에 있는 사람들 모두 "내 집으로 돌아가고 싶다"고 호소한다는 것이다. 그러나 "집으로 돌아가고 싶다"는 단순하고도 절실한 바람이 이루어지

54

지 못하는 것은 왜일까.

병원이나 시설 같은 데보다 아무리 더럽고 불편하더라도 익숙한 자기 집이 편한 것은 두말할 필요가 없다. 집이 있음에도 집에 갈 수 없는 것은 왜인가 하는 질문에 대한 대답은 의외로 간단하다. 바로 집에 가족들이 있기 때문이다. 가족들은 노인이 집에 돌아오는 것을 반기지 않는다. 애초부터 노인을 시설에 집어넣자고 결정한 것은 다름 아닌 가족들이다.

하지만 그렇다고 해서 가족을 탓할 수는 없다. 가족들에게도 각자의 삶이 있으며 24시간 누군가를 돌본다는 것도 불가능하기 때문이다. 자신들의 생활을 생각하면 가족들도 눈물을 머금고 시설에 보낼 수밖에 없었을 것이다.

그런데 만약 혼자 사는 경우라면? 하는 생각을 해보자.

"집에 돌아가고 싶다"고 원했을 때의 그 '집'이 '나 혼자 사는 내 집'이라면 집으로 돌아가는 것을 방해하는 것은 아무 것도 없다.

나는 예전부터 "집에 돌아가고 싶다."라는 것이 단순하게 "내 집이라는 공간에 돌아가고 싶다."는 것을 의미하는 것이 아닐까 하는 의심을 해왔다. '집(家)'이라는 말에는 건물로서의 '집'과 가정으로서의 '집'이라는 의미가 모두 들어가 있어서 오해를 부르기 쉽다. 따지고 보면, 단순히 "집에 돌아가고 싶다."는 말을 "가족과 함께 살고 싶다." 는 말로 착각하기 때문에 일이 복잡해지는 것이 아닐까.

혼자 생활 하던 사람들이 시설에 입주한 뒤 "역시 집으로 돌아갈래"라고 하는 경우 집은 단순하게 '건물로서의 집'을 가리키는 것으로 '가족과 함께 사는 집'을 말하는 것은 아니다. 만약 그 집에 가족이 살고 있지 않다면? 그렇다면 당당하게 내 집으로 돌아갈 수가 있다. 오히려 가족이 있는 경우 집으로 돌아갈 수 없는 것이다.

이런 경우 역발상을 해보면 어떨까.

고령자는 "집에 돌아가고 싶다."지만 가족은 "동거하고 싶지 않다."며 서로 간의 이해가 대립되는 경우, 고령자를 "집에 돌아오게 하지 않는다."는 선택 대신에 가족이 "집을 나간다."라는 선택을 하면 어떨까. 환경의 변화에 유연하게 적응하는 것은 젊은 세대다. 낡은 집은 노인에게 줘버리고 가까운 곳에 아파트 같은 것을 빌려 가끔 부모가 사는 집에 들르는 식으로 살면 어떨까. 동거하는 것이 싫다면 매일 부모 얼굴을 보지 않아도 되는 거리를 두라는 것이다. 말하자면 '파트타임 가족'이다.

물론 직장이 있거나 어디 나갈 곳이 있는 사람은 부모와 동거를 하더라도 '풀타임 가족'이 되지는 않겠지만 그 경우에도 만약 부모를 돌봐야 하는 상태라면 직장에서 돌아와 편히 쉬고 싶어도 그렇게 하지 못할 것이다. 그리고 그 고통이 얼마나 심할지도 짐작이 된다.

자, 이래도 문제 해결이 되지 않는다면 그것은 아마도 가족들의 죄책감이나 체면이 원인일 것이다.

하드(hard)로 해결 가능한 문제는 하드로 해결하면 되지만 원인이 소프트(soft)에 있다면 이것도 참 골치 아픈 문제다.

이럴 땐 차라리 싱글인 게 다행이다. 이미 싱글세대로 살고 있다면 이런 고민은 하지 않아도 된다. 내 집은 나 혼자만의 집. 내 집에 돌아오는데 다른 사람의 눈치를 볼 필요가 없다. 싱글이라는 것과 싱글세대라는 것은 다르다. 자기가 살고 있는 전체 공간을 독차지할 수 있는 것, 그것이 '싱글의 노후'에 필요한 최저한의 조건이다.

나는 병원이나 시설을 돌아다니며 그곳의 관리자나 책임자들을 만나 인터뷰를 해왔는데 인터뷰 때마다 마지막에 꼭 이 질문을 했다.

"당신 자신이 몸이 아파 누군가의 도움을 필요로 하게 되었을 때는 어디서 살고 싶습니까?"

훌륭한 시설과 서비스를 자랑하고 있으니만큼 "우리 시설에서"라는 대답을 했을 것으로 생각하겠지만 그런 대답이 돌아온 적은 한 번도 없었다.

"음……, 가능한 내 집에서 살고 싶네요."

아주 솔직한 대답이라고 생각한다.

아무리 좋다고 이름 난 시설일지라도 입주자가 원해서 자기 의사로 들어온 사람은 거의 없다. 시설에 혼자서 입주해야 한다는 사실은 강한 불안감을 유발시키기 때문이다. 서비스를 제공하는 측의 사정에 맞추어 돌봄이 집단적으로 이루어지는 시설에 입주를 결정한다는 것은 어디까지나 차선책일 뿐이다. 만약 자택에서 살 수 있다면 그 쪽을 선택하겠다는 것이 선진 서비스를 실천하고 있는 사람들의 거짓 없는 생각인 듯하다.

이 경우 '내 집'은 문자 그대로 '자기의 집' 이상의 의미는 없는 것 같다. '가족과 함께'는 포함되어 있지 않은 것이다. 통계를 봐도 잘 나타나는데 자식과 함께 살고 있는 경우보다 그렇지 않은 경우가 더 많은 것이 사실이다. '아무리 자식이라도 일단은 남의 집인 자식 집'에서 하는 동거를 원하지 않는 것이다. 이제 우리는 '집에서'와 '가족과 함께'를 구분할 줄 알아야 한다.

원룸이면 OK

   수도권 주택공급이 과잉상태에 이르게 된 오늘날, 싱글이라고 해서 대출을 거절당하거나 집을 빌려주지 않겠다는 식으로는 은행도 더 이상 영업을 유지해나갈 수 없게 되었다. 오히려 부양가족이 없는 3, 40대 돈 많은 싱글 남성은 디자이너스 맨션(입주자가 원하는 대로 집 구조를 설계해주는 아파트)의 좋은 고객이다. 내구소비재의 최고봉은 바로 집인 것이다. 싱글이라고 해도 집에 돈을 쓰는 것은 조금도 이상할 것이 없다.

   남자건 여자건 최근의 싱글들은 밖에 돌아다니는 것보다 편안한 '집에서 느긋하게' 지내는 것을 좋아하는 듯하다. 젊은이들의 데이트를 보고 있어도 주말에 둘이서 먹을 것을 사가지고 들어와 집에서 요리해 먹고 그 다음에는 비디오를 보거나 게임을 하거나 하며 뒹구는 듯 하다.

주택을 스스로의 힘으로 손에 넣지 못한 경우에도 저출산 덕택에 부모의 부동산이 굴러들어올 확률이 높아졌다. 시골에 있는 땅 같은 것 받아봤자 얼마나 하겠어……라고 생각하는 사람도 있을지 모르나 임대를 하거나 처분한다면 그것도 무시 못 할 돈이 된다.

내 친구 가운데 나보다 나이가 어리고 아르바이트로 생계를 이어가는 생활을 하고 있는 싱글 남자가 있는데 그는 부모가 죽고 나서 시골에 있는 부모 집을 처분했다. 소액이라고는 하나 돈이 손에 들어왔고 그걸로 어느 섬에 단독주택을 하나 구입하였다. 차액을 이용하여 지방에 괜찮은 집을 구할 수 있었던 것이다.

그 섬은 열대기후로 언제나 여름인 섬이라 난방비도 들지 않고 맛있는 술과 음식을 싼 값으로 즐기며 생활하고 있다. 미식가인 그는 오랜 세월에 걸쳐 쌓아놓은 전국의 친구들을 통해 각양각색의 술과 음식도 조달 받고 있다. 이렇게 보면, 외딴섬에 혼자 산다고 해서 고립되거나 세상을 등진 사람이 되는 것도 아닌 것이다.

그러나 사실 실제로는 결혼하지 않은 싱글의 주택 사정은 그다지 화려한 것이 못 된다. 진학이나 취업으로 부모 집을 나온 후에 단칸방 하숙이나 원룸 아파트에서 살았던 경험을 가지고 있는 사람이 많을 것이다. 그러나 잘 생각해보면 그 경험이 불편했던 것만은 아닐 것이다. 앉은 채로 조금만 손을 뻗치면 무슨 용무든 다 해결할 수 있는 그 편리함에는 중독성이 있다. 세월이 흘러 서재가 있는 내 집을 마련한 후에도 일부러 비좁은 움막 같은 자기 전용 공

60

간을 만드는 사람이 있는 것은 그 때문이다.

나는 지금까지 아파트를 몇 차례 사고 팔아왔는데 한 번도 '내가 마지막까지 살 집'이라는 생각은 해 본 적이 없다. 임시 주거이므로 언제라도 상황이 변하면 간단하게 이사할 생각으로 있었다.

그런 내게도 역시 최고는 내 집이다. 즉 어떤 곳이든지 내 공간이라는 느낌이 들고 오랫동안 살며 오랫동안 사용해 온 공간이 최고라는 이야기이다.

내가 직접 살아보고 난 뒤 든 생각인데 거실, 식당, 부엌이 따로 있는 아파트만큼 싱글이 살기 어려운 집도 없는 것 같다. 대부분은 아파트에서 방 하나나 둘은 '창고'처럼 쓰고 있음에 틀림없다. 결국 죽은 공간이 늘어날 뿐 원룸 상태로 생활하고 있는 것과 별반 차이가 없는 것이다.

한 친구는 80㎡$^{(약\ 24평)}$아파트를 리모델링해서 10㎡$^{(약\ 3평)}$을 자기 침실로 하고 남은 공간을 원룸의 거실 겸 부엌으로 개조했다. 친구가 오면 거실에서 재운다. 또 다른 친구는 40대를 넘기고 나서 구입한 가족형 아파트를 싱글의 라이프스타일에 맞추어 리모델링했다. 그리고 얼마 지나지 않아서 설마설마 하던 결혼을 하게 됐는데 역시 인생이란 알 수 없는 것이다. 그 결혼상대가 바로 리모델링한 아파트의 집들이 파티에 왔던 남자라고 하니 말이다.

나도 원룸이 좋다. 그것도 휑하니 널찍한 원룸이 좋다. 천장이 높고 공간이 여유로운 외국의 주택에 익숙해져 있는 나로서는 그냥

놔둬도 좁은 공간을 더욱 잘게 나눈 일본의 아파트는 도저히 견딜 수가 없다.

결국 나는 동경 외곽에 있는 산 기슭에 오랫동안 꿈꿔왔던 작업실을 마련했는데 그것도 60㎡(약 18평)의 원룸이다. 가구는 최소한으로 줄이고 응접세트 같은 것은 두지 않았다. 나는 최소한 이 정도는 되어야 한다고 생각하지만 7.5㎡(2평 반)이면 충분하다고 하는 사람도 있으니, 공간감각 역시 사람마다 가지각색인 듯 하다. 어쨌든 자기가 불편하지 않다면 그것으로 족하지 않을까.

일반적으로 주택은 가족 사이즈가 최대로 늘어났을 때를 상정하고 짓는다. 그러니 싱글에게는 불필요한 공간이 많은 것이 사실이다.

가족은 확대하기도 하지만 축소하기도 한다. 일본의 주택은 확대기에만 대응해왔지 축소기는 고려한 적이 없다. 이제 가족의 축소기가 더 길어지게 되었다는 것을 건축가들은 인지할 필요가 있을 것이다.

도시 vs 지방

젊어서 도시에 살았던 사람이라면 누구나 한번쯤 전원생활을 꿈꾸어 보았을 것이다. 도시와 지방 중 어느 쪽을 선택할 것인가는 개인의 사고방식의 따라 달라지겠지만 각각의 생활이 가지는 차이에 관해서는 미리 정보를 얻어두는 편이 좋다.

시골생활을 통해서만 얻을 수 있는 맛있는 공기와 물, 마음을 평온하게 해주는 자연환경은 무엇과도 바꿀 수 없다. 이 점을 생각하면 망설일 것 없이 시골을 택할 것이다. 그러나 아직 중요한 판단기준이 남아 있다. 첫째가 인간관계, 둘째가 병원과 같은 기반시설이다.

첫 번째 인간관계부터 생각해보자. 예를 들어 시골의 전원주택단지나 또는 빌라형으로 되어 있는 곳에서 살기로 했다면, 아마 인간관계라는 것은 새롭게 그 마을에 이주해 온 옆집 사람들이 전부가 될 가능성이 있다. 도심으로부터 떨어져 있는 탓에 방문객도 자주 올 수가 없고 또 마을에서 시내로 외출하는 것도 쉬운 일이 아니다.

게다가 입주자 전원이 지역 입장에서 볼 때 '새로운 주민'이기 때문에 지역과의 교류도 얕아질 수밖에 없다. 그런 이유로 새로 입주하는 쪽에서 현지 주민과 융합하려는 노력을 하겠지만 쉬운 문제는 아니다.

줄곧 도시에서 일해 온 싱글 여성과 농촌 지역의 주민과는 라이프스타일이나 가치관이 다르다. 그걸 인정하고 아예 처음부터 지역을 초연하여 입주자하고만 관계를 맺으며 자기만족적으로 살아가는 방식도 가능할 것이다. 주변 세대가 50가구 이상 된다면 그 안의 인간관계만으로도 충분한 만족감을 느낄 수 있을지 모른다.

시골에 있다는 것만으로 자연과 함께하는 이상적 삶이 완성되지는 않는다. 그 곳에서의 인간관계를 어떻게 설정할 것인가에 대해 스스로 선택해야 한다. 지역주민과의 모임에 자주 참여하면서 동화될 수도 있고 그것이 불편하다면 아예 동화되는 것은 포기하고 자연속에서 도시적 라이프스타일을 추구하는 것도 하나의 방법일 수 있다.

한편, 도시에서 살고자 한다면 인간관계가 내부에서 멈추지 않아도 된다. 마음 내키면 편하게 외출할 수도 있고 손님도 언제나 편하게 찾아올 수 있다. 원래부터 즐기던 각종 문화시설이나 시민

활동을 그대로 할 수 있고 연극이나 영화도 가벼운 마음으로 보러 갈 수 있다. 도시에는 문화자원이 넘친다. 싫은 사람과는 굳이 만나지 않아도 되고 서로 취향이 다른 사람을 무리하게 초대하지 않아도 된다.

규슈(九州)의 한 지방도시에 위치한 멋진 정원과 훌륭한 집회실을 가진 집합주택 커뮤니티를 조사차 들른 적이 있다.

입주자를 위해 만들어진 집회실은 실제로는 입주자들이 사용하는 일이 드물었고 대개의 경우 이웃 주민들을 위한 각종 강습의 장소로 대여되고 있었다. 한두 명 집합주택 입주자들이 그 강습에 참가하고 있을 뿐이었다. 즉, 주거를 이미 공유하고 있기 때문에 그 이상 여러 가지 활동까지 공유할 필요가 없다는 것이다. 같이 사는 사람, 같이 노는 사람, 같이 일하는 사람은 서로 다른 것이 좋다, 라는 생각인 것이다.

많은 도시주민이 무언중에 이미 그것을 실천하고 있는 듯 보인다. 5시까지 같이 일한 사람은 5시 이후로는 만나지 않는다. 놀 때는 다른 사람과 놀고 싶다. 아마 근래 들어 사내 이벤트나 사원여행의 참여가 저조하게 된 이유는 그렇게 생각하는 사람이 늘었기 때문이리라. 사실 의무나 강제가 없다면 이런 종류의 이벤트에 자발적으로 참가하는 사원은 매우 적을 것이다.

건축가는 공간을 공유하기만 하면 커뮤니티형성이 이루어질 것이라고 생각하는 경향이 있는데 실제 도시형 커뮤니티는 더욱 복잡

한 요인들로 이루어져 있다. 일과 생활과 놀이와 행사도 모두 같은 사람들과 공유하는 식의, 마치 경단을 빚는 것과 같이 사람들을 한데 모아 떼를 이루어 놓은 공동체에 향수를 느끼는 사람도 있을지 모르겠지만 대부분의 도시인들은 그런 곳으로 돌아가고 싶어 하지 않는다.

그곳이 도시가 되었든 시골이 되었든 간에 자신이 그 동안 살던 곳을 떠나 새로운 곳으로 옮길 경우 이문화(異文化)를 경험할 가능성이 크다. 은퇴이후에 각각의 삶의 방식대로 살던 사람들이 나이가 들어 거주하기 편한 공간으로 다시 모이다 보면 전혀 다른 라이프 스타일의 사람들과도 만나게 되는 것이다. 샐러리맨으로 살아왔던 사람과 자영업으로 살아왔던 사람, 예술가로 살아왔던 사람과 엔지니어로 살아왔던 사람 등 학력, 직업, 결혼력, 가치관 등 각각의 생활문화에 대한 차이가 있는 사람들이 다시 만나게 된다.

내 작업실이 있는 산기슭에는 지역에서 운영하는 온천이 딸린 데이케어센터(daycare center)가 있다. 이용자의 대부분은 지역의 농민들이다. 그런데 최근 도시에서 급격하게 유입된 신주민들 역시 이 곳을 이용하게 되었다. 새로 이주해 온 도시 사람들 역시 이 지역에서 다른 선택이 없으므로 모두 이 데이케어센터에서 만나게 되는 것이다.

전혀 다른 인생길을 걸어온 사람들이 나이가 들고서 다시금 섞이게 된다는 것은 아름다운 일일까. 라이프스타일이 다르다면 서로는 서로에게 이문화다. 이문화교류를 좋아하는 사람도 있겠지만 그렇지 않은 사람도 있다. 나이가 들어 유연성을 잃어버리게 되면 이문화와의 접촉은 고통이 될 수 있다.

이러한 이질적인 라이프스타일의 교류는 생각해보면 초등학교 이래로 계속되어온 일일지도 모른다. 초등학교에서는 다양한 가정 문화를 배경으로 가진 여러 아이들이 잡탕 상태로 뒤섞여있었다. 그러나 그 이후 아이들은 학업 성적이나 진로 선택에 따라 각각으로 구분된 집단 속에서 성장하여 다 자란 이후에도 같은 업종의 직업집단 속에서 인생을 보낸다. 그러던 것이 나이가 들어 다시 초등학교 시절로 돌아가는 셈이 되는 것이다.

이러한 이문화교류는 분명 본인이 그것을 바라고 있지 않다면 강제나 억압이 될 수 있다. 그럼에도 불구하고 '싫다'고 말할 수 없는 것은 그들에게 선택할 수 있는 다른 무엇이 없기 때문이다. 그리고 두 번째 이유는 아마도 주위에서 고령자의 자기결정능력을 깔보고 있기 때문일 것이다.

또 한 가지 기준은 병원같은 기반시설이다. 인구가 집중하는 도시권일수록 행정, 민간기업, NPO나 비영리 시민조직 등이 제공하는 자원이 더욱 풍부해진다는 것은 누구나 인정하는 사실일 것이다.

오늘날에도 인구가 적은 곳에서는 인력이 없는 탓에 서비스가 부족한 지역이 있다. 따라서 전원생활이 해보고 싶어서 지방으로 내려온 사람들 가운데는 기반시설이 부족해서 다시 도시로 돌아가는 사람들도 있다.

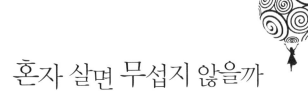

혼자 살면 무섭지 않을까

살 곳을 확보했다면 다음은 생활의 '안전'을 어떻게 확보할 것 인가다. 죽을 때는 저항해도 어쩔 수 없겠지만 살아 있는 동안에는 무서운 경험을 하고 싶지 않다. 범죄의 피해자가 되고 싶지도 않다.

여자와 어린이, 그리고 노인은 피해자가 되기 쉽다. "저항하지 도 않고 간단하게 해치울 수 있을 것 같다"고 여겨지기 때문일 것 이다. 여자, 게다가 혼자 사는 사람이라면 안전과 안심은 필수품목 이다.

'물과 안전은 공짜'라고 일컬어지던 일본도 최근에는 치안이 악화되어왔다. 불과 얼마 전까지 시골에서는 문을 잠그지 않고 외 출하는 것이 당연했고 자동차 키를 꽂아놓은 채 노상주차하고 볼일 을 보는 경우도 흔했다. 하지만 요즈음 이런 풍경은 거의 사라진 듯 하다.

그러나 실제로는 미디어가 떠들어대는 것만큼 일본에서 흉악범죄나 살인사건이 늘어나고 있는 것은 아니다. 신문에서는 엽기적인 사건이 넘쳐나지만 자기 신변에서 일어나지도 않은 일에 무턱대고 무서워해도 소용이 없다. 어떤 조사 결과에 따르면 신문을 자주 읽는 사람일수록 세상에 대한 불안감이 강하다고 한다.

포스트모던 범죄의 새로운 동향은 가해자와 피해자를 연결하는 '동기의 끈'이 없다는 것이다. 지금까지의 범죄는 대부분 원한이나 보복 같이 서로 얼굴을 알고 있는 사이에서 일어났다. 그 중에서도 자신을 죽일 가능성이 가장 높은 것은 바로 가족이다. 미국에는 "배우자란 자신을 죽일 확률이 가장 높은 타인이다."라는 말까지 있다. 최근 토막살인 같은 사건이 일어나고 있는데 그 대부분이 부부나 부모자식 등 가족 내에서 일어난 범죄다. 어쩌면 가족과 떨어져 지내는 싱글들은 가장 위험한 타인으로부터 떨어져 지내고 있는 것인지도 모른다(웃음).

강도 살인이나 길 가는 사람을 무작위로 살해하는 사건의 경우 종종 가해자는 "누구라도 상관없었다." 라는 말을 한다. 고등학생이 갑자기 집에 침입해 들어와 60대 여성을 살해한 사건에서도 역시 "누구라도 상관없었다"라는 말이 나왔는데 거기에 더해 "늙은 여자라 저항도 하지 않고 간단히 해치울 수 있을 것 같아 보였다"는 말도 나왔다.

어느 14세 소년은 교문 앞에 피해아동의 머리를 유기하기 전에 여러 명의 어린 소녀들을 망치로 때려 두개골을 함몰시키는 등의 범죄도 저질렀다. 이것도 어린 소녀들이 저항하지 않고 간단하게 보였기 때문이다. 노상에서 날치기를 당하는 피해자 가운데 많은 수가 여성이고 특히 더 많은 것이 고령여성들이다.

노년학(老年學) 연구자 팻 무어(Pat Moore)는 『변장(Disguised)』(W Pub Group, 1985년)이라는 제목의 보고서를 출판했다. 20대였던 팻은 노인 분장을 통해 80세 이상의 할머니로 변장하고는 몸에 걸치는 것에서부터 하는 행동까지 고령자인 척하며 거리를 걸었다. 그러자 젊은이들은 몸을 부딪혀왔고 핸드백을 날치기 당하는 등 호된 일들을 경험해야 했다. 핸드백을 몸 앞으로 끌어안고 비틀비틀 걷고 있던 그녀에게 날치기가 덮쳤을 때 느낀 신체적 공포감은 이후에도 트라우마로 남을 정도였다. 일찍이 경험해보지 못한 공포감이었다.

"도시에서 늙은 여자로 살아가는 것은 위험하다"는 것이 그녀의 실험결과였다. 이것은 1970년대 말 뉴욕의 상황이지만 일본도 이런 식으로 변한 것이 아닐까.

약한 인간에게 달려드는 것이 범죄자의 속성인 것 같다. 힘세고 단단한 남자들은 그다지 범죄의 대상이 되지 않는다. 나 자신도 치안이 불안한 외국을 여행할 때만큼은 어떠한 남자라도 좋으니 남자의 얼굴을 한 동행이 있는 편이 안전할지도 모르겠다는 생각을 하곤 한다.

사실 우리의 싱글 선배들은 이미 안전에 신경을 쓰고 있다.

제1장에서 등장했던 70대 기미에 씨는 해발 1600m 산장에 살면서 자신을 '산속 마녀'라고 말하는 강직한 여성이다. 그런 그녀도 "도둑은 무섭다."고 한다. 100여 세대 별장이 점점이 자리한 그곳에서 1년 내내 사람이 살고 있는 집은 그녀 집을 포함해 세 집 정도이고, 그 가운데 홀로 거주하는 것은 그녀뿐이다. 가장 가까운 이웃은 큰 소리를 질러도 닿지 않는 거리에 있다.

기미에 씨는 밤이 되면 불빛이 새어 나가지 않도록 신경 쓰고 있다고 한다.

밤에는 완전히 어둠에 휩싸이는 별장 마을 속에서 한 집이라도 불이 들어와 있으면 사람은 그것에 빨려 들어가듯 이끌려오게 마련이다. 산의 등산로 입구에 해당하는 그 별장지에는 가끔씩 하산 도중 길을 잃은 등산객이 섞여 들어오기도 한다. 몇 년 전인가 한밤중이 다 되어 문을 두드리는 남자 목소리가 들린 이후로는 불빛이 새어나가지 않도록 집 안의 커튼을 꼭꼭 닫기로 했다.

"전쟁을 경험한 세대니까요. 등화관제에는 익숙해져 있지요."
하며 웃는다.

어두워지면 문을 열지 않기.

이것이 그녀가 자신에게 다짐한 규칙이다.

언덕 위 호화저택에 혼자 지내고 있는 60대의 사요코 씨는 더욱 철저하다.

어두워지면 밖에 나가지 않기.

곤란한 것은 그녀를 저녁식사에 부를 수 없다는 것이다. 점심이라면 OK이지만 밤에는 누가 숨어있을지도 모르는 어두운 집에 혼자 들어가는 것이 싫다고 한다. 주위에서 "차로 데려다 드릴게요.", "집에 들어가는 곳까지 같이 가드릴게요."하고 말해도 완고하게 고개를 젓는다.

그녀는 자신의 침실을 안쪽에서 걸어 잠글 수 있도록 해놓고 경비회사 서비스 계약을 해 놓았다. 무슨 기척이 있을 경우 조금이라도 시간을 벌 수 있도록 한 것이다. 인가에서 떨어진 자연 속에서 혼자 지낸다는 것은 그만큼의 각오가 필요한 것이다.

홀로 자연 속에 있을 때 무서운 것은 자연이 아니라 다름 아닌 인간이다. 바스락바스락하는 소리나 동물들 기척에 번쩍하고 한밤중에 눈을 떴다가는 적외선 센서를 가로질러 지나간 것이 너구리란 사실을 깨닫고는 안심한다. 진짜 무서운 건 인간이다.

산 속에서 혼자 살고 있는 평론가이자 도예가이기도 한 다와라 씨의 이야기도 들어보았다. 낮에는 그녀가 설립한 미술관의 직원이나 도예교실 학생들이 들락날락거려 시끌시끌하지만 저녁이 되면 모두 집으로 돌아간다. 남은 것은 강아지와 자신 뿐. 3,000평의 광대한 대지. 인가도 멀리 떨어져있다. 달빛도 없는 밤에는 완전한 암흑이 된다.

이런 처지를 걱정한 한 남자 지인이 이런 말을 했다고 한다.

"당신이 무섭다면 상대도 무서워할 것입니다. 어두운 곳을 걷기 위해서는 조명이 있어야 하지요. 또한 이렇게 마을에서 떨어진 곳까지는 차가 아니면 오기 힘듭니다. 그러면 당연히 헤드라이트를 끄고 운전할 수는 없을 겁니다. 그러니 당연히 라이트를 켠 차가 다가올 테고 그러면 누군가가 오고 있다는 것을 금방 알아차릴 수 있을 것입니다. 그러니까 미리부터 겁낼 필요는 없어요. 불 켜진 차를 발견하고 나서 무서워해도 늦지 않을 겁니다."

그 이야기를 듣고 마음을 다잡았다고 한다.

철 지난 별장지의 주인 없는 별장에 무단으로 들어가 냉장고 안의 먹을 것을 훔쳐 먹으며 뻔뻔하게 생활하고 있던 절도범 이야기가 보도된 적이 있었다. 그런데 사실 별장지에서의 범죄율은 그렇게 높지 않다. 아마도 값어치 나갈 물건이 없다는 사실을 도둑들도 알고 있기 때문일 것이다. 집은 훔쳐갈 수 없고 가구나 가전제품을 옮기는 것도 쉬운 일이 아니다.

범죄율이 높은 것은 실은 도시 쪽이다. 인구밀도가 높은 지역 쪽이 범죄자 입장에서도 유리할 것이다. 단독주택에서 살 때 느끼는 불안도 도시 쪽이 클지 모른다. 다와라 씨의 저서(『자식 고생 안 시키고 죽는 법(子どもの世話にならずに死ぬ方法)』, 中央公論新社, 2005년)에는 혼자 사는 한 여성이 집으로 돌아와 문을 열었을 때 안방에서 갑자기 빈집털이범이 나타나 그 자리에서 얼어붙어버렸다는 에피소드가 실려 있다. 그 여성은 그 사건이 트라우마가 되어 공동주택으로 이사할 것을

결심했다. 같은 공간에 다른 사람이 옆에 있어야 겨우 안심하고 잠들 수 있게 되었다고 한다.

그렇다고 해서 단독주택보다 공동주택이 안전하다고는 할 수 없다. 옆에 누군가가 살고 있다고는 하지만 벽을 사이에 두고 있을뿐더러 모두가 집을 비우기 십상이고 또한 요즘의 세태를 보면 근처 이웃과의 교류도 없는 경우가 대부분이기 때문이다.

싱글이 되어 여자 혼자 살면서 불안을 완전히 떨쳐내기란 어려운 문제이다. 또 어느정도 주의를 기울이면 될 것인가에 대해서도 정답이 없기는 마찬가지이다. 안전과 안심에 대한 감각은 사람마다 제각각이기 때문이다. 안전에 대해 만전의 준비를 기하는 것도 좋지만 과도하게 걱정할 필요도 없는 것 같다.

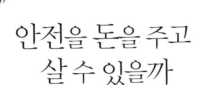

안전을 돈을 주고
살 수 있을까

'안전이 공짜'가 아닌 미국에서는 경비원의 숫자로 주택의 가치가 결정된다고 한다. 24시간 주민의 출입을 체크하고 낯선 사람은 입주자의 확인 없이 절대로 건물에 들어갈 수 없다. 이런 걸 보고 있으면 바람피우고 싶어도 프라이버시가 보장되지 않으니 마음대로 못하게 되지는 않을까, 하는 괜한 걱정이 하고 싶어진다.

뉴욕에서 이사할 때 새로 살게 될 곳의 경비원 한 사람 한 사람에게 팁을 주는 것을 잊지 않도록 당부 받은 적이 있다. 바람피우는 상대의 출입관리도 팁으로 해결할 수 있을지 모르겠다.

뉴욕에서 경비원으로 일하는 노동인구는 얼마나 될까. 미국에서는 안전이라는 수요로 인해 대량의 고용기회가 발생하고 있다. 미드타운(midtown)의 고급 콘도미니엄에서는 백인의 아름다운 청년들이, 어퍼타운(upper town)이나 로우어 이스트(lower east)의 서민적인 콘도에서는 흑인이나 히스패닉계 남자들이 경비원 일을 하고 있다.

미국보다 더욱 위험한 멕시코에서는 24시간 무장경비원이 있는 게이티드 커뮤니티(gated community)라고 하는 거주구가 있다.

사방이 높은 벽으로 둘러싸여 있고 자동차 출입을 문에서 경비원이 체크하는, 중산층 계급을 대상으로 한 주택단지이다. 벽 바깥의 혼잡함과 시끄러움과는 완전히 딴 세상으로 구석구석까지 손질된 정원과 건물이 죽 늘어서 있었는데 처음 이곳에 이사했을 때, 뭐야 이건 깨끗한 감옥이잖아, 하는 숨이 막히는 느낌이 가장 먼저 들었다. 입주자 가운데 한 명에게 어디어디에 가려면 어느 버스를 타야하냐고 물었더니, "글쎄요, 버스를 타본 적이 없어서 모르겠는데요."하는 대답을 들었다.

멕시코에서 중산계급이기 위한 조건은 자가용으로 이동할 것이 들어간다. 지하철이나 버스 같은 대중교통으로 이동하는 사람은 절도나 강도를 당했을 때 어디에도 하소연할 수 없도록 되어 있는 것이다. 돈이 아주 많은 사람은 무장한 보디가드를 개인적으로 고용하고 있기도 하다.

안전에 대해 이 정도로 눈에 보이는 비용이 드는 사회에서 살다보면 '안전과 물은 공짜'로 여겨지는 일본은 천국으로 여겨질 것이다. 핸드백 지퍼를 열어놓은 채 지하철에 타면서 "이게 바로 일본의 좋은 점이지"하고 자신의 방심을 용서하고픈 마음이 들기도 한다. 참고로 나는 외국에서는 절대로 그런 어리석은 행동을 하지 않는다.

안전과 감시, 안전과 통제(자기통제를 포함)는 동전의 양면이다. 위험 사회란 시민이 프라이버시를 팔아버리고 스스로가 스스로의 목을 죄는 사회다. 하지만 나이가 들어 늙고 약자가 되면 그것도 어쩔 수 없는 것일까.

이제 '안전'은 패키지 상품이 되어 안전이 걱정되는 사람은 돈으로 살 수가 있다. 경비회사에 부탁하면 금방 달려와 예산을 짜주고 또 그렇게 큰돈이 들지도 않는다. 경보가 울리면 10분 이내로 순찰차가 달려온다고 하는데 10분은 긴 시간일까 짧은 시간일까.

도둑이 열쇠를 따고 들어오는 것이 무서우면 열쇠를 전자식으로 바꾸어달면 된다. 안전을 내세운 아파트에서는 생체인증 같은 새로운 시스템을 도입하고 있다. 모르는 사람이 몰래 뒤를 쫓다가 내가 들어올 때 잽싸게 덩달아 들어오면 어떻게 하냐고 한다면, 뭐, 그 때는 그 때 나름. 값어치가 나갈만한 물건을 두지 않는 것이 상책일 것이다.

있는 물건 다 가져가도 되니까 다치게 하거나 목숨만은 빼앗지 말아달라고 말하면 된다. 도둑도 어차피 인간이다. 좋아서 사람을 죽이는 경우는 (거의) 없을 것이다.

삶에 있어서 위험은 반드시 존재한다. 이는 젊은 사람과 나이든 사람을 가리지 않는다. 집에 있으면서 강도를 당할 위험과 심장병이라는 지병을 가지고 있으면서 등산하는 위험 중 더 위험한 것은 후자 쪽일 것이다. 자동차나 비행기에 타고 있으면 위험의 확률은 더욱 증가한다. 그럼에도 하고 싶은 일을 포기하지 않겠다는 태도는 연령과는 상관이 없다.

사고도 재난도 범죄도 모두 예측 불가능한 위험의 하나이다. 대비하는 것은 좋지만 그것을 이유로 자신의 라이프스타일을 제약하는 것은 본말전도가 아닐까.

S a v i n g

3

W o m e n ' s

누구와 **어떻게 사귈** 것인가

F u t u r e

혼자서, 둘이서, 모두와

'싱글이 된 후'에는 혼자 있고 싶을 때는 혼자서, 둘이 있고 싶을 때는 둘이서, 모두와 함께 있고 싶은 때는 모두와 함께 보낼 수 있는 시간과 공간이 각각 있는 것이 좋다.

'혼자'가 기본 단위. 그러면 혼자서 지낼 수 있는 사람이 두 명, 세 명, 여러 명 있어도 문제는 없다.

혼자 지낸다고 해서 언제나 혼자만 있는 것이 아니고 가족과 동거한다고 해서 언제나 누군가와 함께 있는 것은 아니다.

내가 규슈 지방도시를 대상으로 실시한 조사에 따르면 오히려 자식과 동거하고 있는 사람의 대부분이(몸의 거동이 거의 불가능한 경우 일지라도) 낮 시간 동안에는 거의 혼자 사는 것이나 다름없는 생활방식을 보이고 있었다. 자식들이 부부 맞벌이로 모두 나가버리면 빈 집에서 하루 종일 혼자 지내게 되는 것이다. 자식과 같이 산다고 하더라도

'혼자 사는 것'과 큰 차이가 생기지 않을 수도 있는 것이다.

상황이 이렇다면, 자식과 함께 산다고 해도, 또는 혼자서 지내기로 했다고 해도 혼자서 지내는 것에 대해 내성을 길러야 한다.

나 같은 경우 다른 사람이 있으면 오히려 정신이 흐트러져 집중할 수 없는 경우도 있다. 나의 일은 기본적으로 '읽기'와 '쓰기'의 좌업(座業)이다. 옛날식으로 말하자면 장식을 만드는 장인이나 판화를 조각하는 장인과 같은 좌업이다. 라디오를 틀어놓은 채 일을 하거나 음악을 들으며 일을 하는 사람도 있지만 나의 경우는 그러한 것들이 모두 방해가 된다. 조용하고 아무도 없는 공간 안에서 좋아하는 일에 집중할 수 있는 시간만큼 행복한 시간은 없다.

실제로는 혼자 사는 쪽이 고독에 대한 내성을 더 가지고 있다. 북유럽의 선진복지가 일본에 소개되었을 무렵, '혼자 사는 사람의 비율이 높은 스웨덴에서는 고령자의 자살률이 높다. 그러므로 가족에 둘러싸여 지내는 일본인이 더 행복하다……'는 이야기가 여기저기서 들리던 때가 있었다. 그러나 실제로 자살률이 높은 것은 일본이었고 또한 가족과 함께 지내는 쪽이 혼자 사는 쪽보다 자살률이 높다는 사실이 데이터를 통해 밝혀졌다.

또, 혼자 지내는 것에 익숙해진 사람은 혼자 지내는 것뿐만 아니라 다른 사람과 관계를 맺는 것에 대해서도 능숙하다. 혼자 지낸다는 것의 쾌락은 물론 그 불안도 잘 알고 있기 때문이다. 가족을 중심으로 살아온 사람은 가족이 떠나버리면 정말로 외톨이가 되어버리는데, 이는 싱글생활의 전문가 입장에서 말하자면, 그 때까지 가족 이외의 인간관계를 만들어 오지 않은 데 따른 결과라고 밖에 볼 수 없다.

일 중심으로 살아온 사람에 관해서도 같은 이야기를 할 수 있다. 일을 그만두었을 때, 그 때까지 일을 통해 맺어왔던 인간관계로부터 완전히 분리되어버리는 경우가 있다.

그러나 이러한 현상은 여성의 경우에는 보기 드물다. 많은 일하는 여성들은 일을 중심축으로 하는 삶을 살지 않았기 때문이다. 일을 위해 자신의 생활을 종속시킬 만큼 어리석지 않았다고도 할 수 있고, 또한 그렇게까지 해도 어차피 남성과 같은 수준으로 보상받지 못할 것이 뻔한 직장 환경을 간파하고 처음부터 절반 정도만 일에다 발을 담그고 있었다고도 할 수 있다.

정년퇴직자의 삶에 관해 오래전부터 취재해온 가토 씨에 따르면 (『정년 후(定年後)』, 岩波新書, 2007년), 최근 강연회에서 "정년 후에 어떻게 하면 좋을지 모르겠어요."라며 불안을 털어놓는 여성들을 자주 본다고 한다. 그래서 '여성의 정년 후'에 관해 고민할 필요를 느꼈다고 한다.

이러한 여성이 없다고는 할 수 없다. 앞으로는 '일에 목숨을 건' 여성이나 여성 기업가가 나올지도 모른다. 그러나 남성과 같은 수준에서 직장의 권력쟁탈이나 자리싸움에 참가했다가 '스스로'

혹은 '어쩔 수 없이' 그곳을 내려온 여성들은, 말하자면 조기 정년 후를 살고 있다고 할 수 있다.

한 관서지방 대기업의 의뢰로 '전형적인 퇴직자 모델'로 정년퇴직 후의 삶을 보내고 있는 남성 퇴직자들을 조사한 적이 있었는데 그들에게서 공통적으로 볼 수 있었던 것이, 40대부터 일찌감치 전력질주를 멈추고 정년 후에는 연착륙을 하고 있었다는 점이었다. 이는 반대로 말하면 인생의 절반 정도 시기부터 회사와 일정 거리를 두고 몸의 절반만 회사와 관계를 맺으며 지역 활동이나 취미 등을 통해 '또 하나의 자신'을 발견해왔다는 것이다. 물론 이런 경우에 직장에서 큰 성공을 거두기는 힘들다는 점은 감수해야 한다.

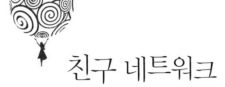

친구 네트워크

가족관계는 영원한 것이 아니다. 일도 영원히 계속되지 않으며 일을 통해 만나는 사람들도 언젠가는 사라진다. 모든 것이 떠나가고 마지막으로 남게 되는 것은 바로 친구다. 싱글은 자신의 시간과 에너지를 가족을 위해 사용하지 않은 대신 친구를 만들고 그것을 관리하는데 사용해야한다.

관리가 필요 없는 것이 진짜 친구다, 라고 말하는 사람도 있다. 아무리 오랫동안 보지 못했어도 마치 어제 헤어진 것처럼 만나면 금세 우정을 느낄 수 있는 그런 친구가 진짜 친구라는 것이다.

죽마고우 가운데는 그것이 가능한 친구도 있을지 모르겠다. 그러나 '몇 년 동안 만나지 않아도 되는' 관계를 굳이 '친구'라고 부를 필요가 있을까. 필요할 때 달려와 주고, 기댈 수 있고, 위로해주고, 경험을 나눌 수 있을 때 비로소 그것을 친구라고 부를 수 있는 것이 아닐까. 그렇기 때문에 친구를 만드는 데는 노력이 필요하고 관리도 필요한 것이 아닐까.

말이 나온 김에 한 마디 더 하자면, 가족관계는 관리가 필요 없다고 생각하는 경향이 있는데 이것도 완전한 착각이다. 남자는 가족관계에 대한 관리를 게을리 해왔기 때문에 가정 내에서 자신의 위치를 잃어버리게 되는 것이다. 내버려둬도 유지되는 관계는 관계라고 부르지 않는다. 그건 '무관계'라고 부른다.

나는 친구를 정신안정제라고 생각한다. 긴장이 강요되는 환경 속에 놓일 경우 인간은 반드시 안정을 취할 수 있는 곳이 필요하게 된다. 외국생활도 그런 환경 중의 하나다. 여행이 아니라 일이나 유학으로 외국에 나가 있을 경우에는 좋든 싫든 스트레스가 쌓이게 마련이다.

나 같이 공부를 일로 삼는 연구자들의 세계에서는 만나는 사람 모두가 잠재적인 경쟁자라고 할 수 있다. 긴장을 늦출 수 없는 것이다. 나는 나의 약점을 잘 알고 있기 때문에 학교 바깥에서 친구를 만들려고 노력했다. 불평을 늘어놓거나 칭얼거릴 상대를 구하는 데는 다른 세계의 사람을 만나는 것이 최고다.

주위를 보면 같은 유학생끼리 만나 결혼하게 되는 커플을 자주 본다. 나는 그런 커플을 보면 "그래. 스트레스가 장난이 아니었을 테지……."하는 생각이 든다. 내가 일하고 있는 동경대학 사회학연구실에서도 같은 대학원생끼리 사귀는 커플이 늘어나고 있는데, 참 스트레스가 많은 환경이라는 생각이 저절로 든다. 대학원생들은 미래에 대한 확실한 전망도 없이 서로 경쟁할 수밖에 없는 환경에 놓여 있다. 그런 차가운 환경 속에서 연구 활동을 계속하고 있자면 고락을 같이하고 서로 의지할 수 있는 동지가 간절해지는 것도 무리가 아니다. 그러나 위기적 상황이 사라지고 나면 상대방에 대한 필요성도 변한다. 그 때가 되고 나서 쉽게 상대를 바꿀 수 없다는 것이 난점이라면 난점이다.

"직장에서 친구를 만들 수가 없어요."라고 호소하는 사람들이 있는데 직장에서는 친구를 만들지 않는 편이 낫다. 동료 가운데서 친구를 만드는 것은 최후의 선택이다. 동료는 언제고 당신의 잠재적인 라이벌이나 평가자가 될 수 있기 때문이다.

친구는 이해관계가 없는 다른 업종에서 찾는 것이 가장 좋다. 불필요한 사심 없이 나를 받아줄 수 있기 때문이다.

다른 업종에서 친구를 만드는 것이 그렇게 어려운 일은 아니다. 취미 서클이나 자원봉사 활동에 참가해보면 자신과는 전혀 다른 인생을 살고 있는 여러 종류의 사람들과 만날 수 있다. 그 사람들은 그저 당신과 함께 있어 즐겁다는 이유로 시간을 내어줄 것에 틀림없다.

그렇다면, 어떤 사람이 되어야 하는 걸까? 함께 있으면 즐거운 사람이란 것은 어떤 것일까?

'함께 있어서 즐거운' 사람이란 '재미있는 사람'이거나 '화제꺼리가 풍부한 사람'이라고 생각하기 쉬우나 이것 역시 착각일지도 모른다. '화제꺼리가 풍부한 사람'이란 '혼자서 자기 얘기만 떠드는 사람'을 가리키는 다른 말로 이런 사람이 인기가 있을 리가 없다. 대화가 오가지 않고 누군가의 이야기를 끝없이 듣기만 해야 한다고 생각하면 그리 유쾌하지만은 않다.

저 사람하고 같이 밥을 먹으면 재미있을까, 하는 생각에 한 남자를 회식에 초대했다가 실패한 경험이 있다. 회식 자리 분위기를 띄우기 위해 '재미있는 이야기'를 끝없이 해대는 그의 장단에 맞추는 것이 너무 피곤했기 때문이다. 나중에 안 일이지만 칸사이(関西) 사람인 그는 그것을 서비스 정신의 일환이라고 여기고 있었다(칸사이 지역은 코미디가 흥한 지역이다). 아마도 서비스 정신을 잘못 이해한데에서 비롯된 일일 것이다. '칸사이 사람'에게서 뿐만 아니라 '아저씨'들에게도 이런 착각이 널리 퍼져있다.

'함께 있어서 즐겁다'라고 표현하기보다 '함께 있어서 기분이 좋다'라고 표현하는 편이 좋을지 모르겠다. 과묵하거나 점잖고 다른 사람의 이야기를 잘 들어주고 적재적소에서 알맞은 반응을 보여주는 사람이 '함께 있어 기분이 좋은 사람'이다. 상대의 이야기를 제대로 들어주는 것이 기본이 되어야 비로소 커뮤니케이션이 가능해 지는 것이다. 일방적으로 자신의 이야기만을 하는 사람은 싫어지게 마련이다.

　내 작업실이 있는 곳에는 정년퇴직자들의 커뮤니티가 형성되어 있는데 나도 이 그룹의 멤버로 있다. 가끔 모여서 식사를 같이 하거나 하는데 자기 자랑을 늘어놓거나 다른 사람의 과거를 캐묻거나 설교를 하는 버릇이 있는 사람은 그 자리에서는 싱글싱글 웃어주며 맞춰주지만 다음 모임 때부터는 어느새 모습을 찾아볼 수 없게 된다. 정말이지 멤버들의 예리한 관찰력과 인물감정력에 소름이 돋을 지경이다.

　싫은 사람을 참으면서까지 만날 이유는 없다. 시간도 에너지도 한정되어 있으니 기왕이면 기분 좋은 상대와 기분 좋은 시간을 보내는 것이 좋지 않을까.

하이테크놀로지에 의한
커뮤니케이션

만나고 이야기하고 같이 밥을 먹는 등의 활동을 하기 위해서는 가까이 살아야 하는 것이 기본 조건이 될 테지만 그것만이 커뮤니케이션의 전부라고는 할 수 없다. 나이를 먹으면 이동하는 것이 귀찮아지고 힘들어지게 된다. 이럴 때 발달된 기술의 도움을 받아보자.

먼저 떠오르는 것이 전화와 인터넷이다. 누구나 가지고 있는 전화야말로 훌륭한 정보기기다. 쌍방향 통신기기인데다가 점점 더 편리해지고 있다.

아는 사람 중에 "어머니 저희와 같이 사세요"하는 며느리의 친절한 제안을 거절하고 혼자서 아파트 생활을 계속 하던 여성이 있었는데 "외롭지 않으세요?"하는 주위의 반응을 비웃기라도 하듯 그녀는 한 달 전화비용으로 약 1만 엔(10만 원) 정도를 사용해가며 대화 상대에 전혀 부족함 없이 지내고 있었다. 만약 그녀가 신세대들만큼 새로운 통신환경에 익숙했다면 이런저런 할인을 받아서 비용도 훨씬 줄일 수 있었을 것이다. 그 뿐인가, 당시 그녀는 전국각지에 흩어져 있는 친구들로부터 계절 마다 제철 맞은 각종 채소며 과일이며 하는 것들을 택배로 전달받아 며느리가 올 때면 한 아름씩 안겨 돌려보내는 여유도 누리고 있었다. 팔다리가 쇠약해져 외출하는 것이 귀찮고 힘들어질지라도 정보통신이 있으면 친구를 사귀는데 큰 문제가 되지는 않는다. 실제로 누군가를 밖에서 만나 식사라도 함께 할라치면 식사비용도 만만치 않을테니, 전화로 친구를 사귀는 것은 1석 2조일지도 모른다.

최근 전화 못지 않게 위력을 발휘하고 있는 것이 인터넷이다. 이것은 내 주변에서 실제로 있었던 '인터넷이 변화시킨 이성의 매력에 관한 에피소드' 이다.

나의 세미나에 참석하는 학생 가운데 한 명이 졸업논문의 연구주제로 '원거리연애'를 정한 적이 있었다. 연애도 국제화의 시대 흐름에 발맞추어 변화하고 있는지는 잘 모르겠지만 사실 원거리연애라고 했을 때, 그 대부분은 유학생이나 주재원 등으로 외국에 나가있는 애인과의 연애인 경우가 많다.

얼마 전까지만 해도 국제전화비가 너무 비싼 탓에 서로 정한 시각에 맞추어 전화벨을 두 번 울려 서로의 안부를 물을 수밖에 없었던 '슬픈 사정'들이 있었다고 한다. 장시간 통화는 꿈도 못 꾸던 시대였다.

그것이 인터넷덕분에 무서울 정도로 상황이 변하게 되었다. 세미나의 학생이 예로 든 것은 태평양을 건넌 사랑의 채팅이었다. 시간을 정해 놓고 컴퓨터 앞에 앉아 서로 이야기를 주고받는다. 얼굴은 보이지 않지만 실시간으로 상대의 반응이 전해져 오는 생동감이 있다고 한다.

사례 가운데 재미있는 것이 있었다. 미국에 주재원으로 나가 있던 남자가 있었다. 이 남자는 애인을 두고 있었지만 다른 여자와 채팅을 했다고 한다. 재미있는 것은 이 남자가 채팅을 계속하면서 '얼굴이 예쁘고 착한' 원래의 애인보다 '외모는 별로더라도 채팅이 재미있는' 여자를 선택하게 되었다는 것이다.

채팅은 순수하게 화면상에 나타나는 언어를 통해서만 대화가 이루어진다. 즉석에서 맞받아칠 수 있는 재치, 민감한 언어 감각, 유머감각을 통해 상대를 즐겁게 해줄 수 있는 '끼'의 유무가 분명하게 드러난다. 이것이 없다면 화제는 곧 끊어지고 채팅은 계속되지 않게 된다. 연애의 승부를 결정짓는 것은 얼굴이 아니라 말인 것이다. 서로 사랑하면 말은 필요 없다는 말도 사실이기는 하지만 말이 필요 없게 될 때까지는 말이 필요한 것 또한 사실이다. 어학능력이 딸리는 남자는 여자를 꼬시는 일도 녹록치 않은 것이다.

같이 밥 먹을 상대는 있나?

친밀함이라는 것이 함께 밥을 먹은 회수로 잴 수 있는 것이라면 가족하고만 밥을 먹다가는 친구들을 잃을지도 모르겠다. 내가 지금 누군가와 함께 있다면 다른 누군가와는 함께 할 수 없는 트레이드오프 관계라고 할 수 있다.

물론 가족을 '여는' 것은 가능하다. 내가 교토에서 파트너와 같이 동거했던 시절, 일주일에 2~3 일은 식탁에 친구가 함께 했다. 지금 와서 생각해보면 그만큼 한가로웠기 때문이라고도 할 수 있겠지만 당시 교토에는 전화 한 통, 자전거로 15분 지역 내에 "맛있는 거 생겼는데 같이 안 먹을래?"하고 말할 수 있는 지방도시의 여유로움이 있었다. 도쿄가 불쌍해 보이는 것은 "밥 먹으러 올래?"하고 초대받아도 왕복 2시간 여정을 생각하면 마음을 접을 수밖에 없다는 점이다. 게다가 직장 여성들은 모두 너무 바빠서 서로 스케

94

줄 조정하는데도 보통 힘이 드는 것이 아니다. 한 달 전부터 일정을 잡아놔야 겨우 만날 수 있을 정도지만 그래도 노력해서 만나고 있는 중이다.

밥을 같이 먹는 상대는 침대를 함께 하는 상대와 같은 정도로 중요할 수 있다. 50대부터 60대까지 남녀가 모인 자리에서 있었던 일이다. '궁극의 선택'에 관한 이야기가 화제에 올랐다.

요점은 "남은 인생 죽을 때 까지 최고의 섹스와 함께 계속 맛없는 밥을 먹어야 하는 쪽하고 매일 맛있는 밥을 먹을 수 있는 대신에 섹스를 포기해야 하는 쪽 어느 하나를 꼭 선택해야 한다면 어떻게 할 것인가?"였다. 남녀 6인의 선택은 전원, "섹스를 포기하고 맛있는 밥!"으로 일치했다.

그 가운데 한 명이 해설하기를, "섹스는 비일상적이지만 식사는 매일 하는 거니까." 모두가 맞아맞아 하며 고개를 끄덕였다. 속으로는 자신의 여생에서 '최고의 섹스'를 경험할 확률이 거의 없다는 차가운 리얼리즘적 생각이 있었기 때문이었는지도 모르지만.

나이가 들면 들수록 식사의 중요성은 늘어난다. 나는 아는 사람이 아무도 없는 외국 생활이 시작되면 '베드 메이트는 없어도 되지만 테이블 메이트는 상시 모집 중'을 기본으로 삼는다. 섹스가 있어서 곤란할 것은 없지만 식사를 누군가와 함께 하는 것은 그렇지 않을 때보다 행복하기 때문이다.

그렇다면, 어떻게 하는 것이 즐거운 식사가 될 수 있을까? 문제는 무엇을 먹느냐보다 누구와 먹느냐가 중요한 것이다.

나의 경우를 예로 들면, 의무적으로 참석해야하는 파티 같은 곳에는 가고 싶지가 않다. 무엇보다 같이 밥을 먹는 동안 마음이 불편해서 무슨 맛인지도 모르고 밥을 먹어야 하는 상대와는 식탁을 마주하고 싶지 않다. 이왕 같이 먹을 거라면 이야기가 재미있는, 마음 편한 사람들 5~6명과 식탁을 함께 하고 싶다. '이야기가 재미있는 사람'이란 자기 이야기만 늘어놓는 사람을 가리키는 것이 아니라는 점은 앞에서 설명한 바와 같다. 사회학의 소집단 연구에서는 15인을 넘으면 집단이 둘로 나뉜다는 것이 경험적으로 증명되어 있다. 그러므로 아무리 많아도 7~8명을 넘지 않는 것이 좋을 듯 싶다. 이 수를 넘으면 화제가 둘로 나뉘게 된다는 것을 실제로 경험한 사람들이 많을 것이다. 5~6명이 하나의 화제에 집중해 있을 때 나머지 2~3명이 다른 이야기를 하고 있는 경우도 자주 있는 일이다. 이런 상황에서는 모두가 흥이 깨지기 십상이다. 의무적으로 참석하는 사교모임 같은 경우는 차치하고서라도 친한 사람들과 허물없는 이야기를 하는데 사람이 많아야 할 필요 없다.

오구라 씨는 최근의 저서 『여자다움 입문(オンナらしさ入門(笑))』(理論社, 2007)에서 시인 다니카와 슌타로의 "가장 소중한 것이 무엇이죠?" 하는 질문에 "웃을 수 있는 저녁식사"라고 대답하고 있다. 서로를 이해하고 있는 사람들과 함께 아무런 근심 없이 웃음이 있는 식탁

에 모여앉아 한 끼 한 끼 즐기는 일의 소중함, 이 사람도 그것을 가슴 깊이 느낄만한 나이가 되었구나, 하는 생각이 들었다.

사람이 여럿 모일 때는 구성원의 성별에 대해서도 생각해 볼만하다. 여자들끼리의 식사 약속에서 어느 한 친구가 모두가 알고 지내는 한 남자를 초대하면 어떨까 하고 전화를 걸어온 적이 있다. 요새 별로 기운이 없어 보이는데 한 번 만나보자는 것이었다. 나는 일언지하에 "노—"하고 거절했다. 남자가 끼면 식탁의 화제가 변하기 때문이다.

그것이 기운 넘치는 남자의 경우라면 자기 자랑을, 기운 없는 남자의 경우라면 푸념을 들을 가능성이 크다. 또 그런 자리에는 꼭이라고 해도 좋을 만큼 남자들 기분을 맞춰주는 여자가 한 명은 있기 마련인데 그리 유쾌하지만은 않다. 특별히 무슨 이유가 있어서가 아니라 몸이 자연스럽게 그렇게 움직이는 것일 테지만 말이다. 많은 여자들이 이런 종류의 남자를 대하는 서비스 정신을 몸에 익히고 있다. 나도 그런 식으로 움직이지 않을 것이라고 장담할 수 없기에 더욱 무섭다.

내가 딱 잘라 "노—"라고 말하자 그녀는 바로 "그것도 그렇네." 하며 두 번 묻지 않았다. 밥을 맛있게 먹은 뒤, "안 부르길 잘했지?"하고 묻자 그녀는 "응."하고 미소지었다.

그러나 그렇다고 해서 남자와 함께 식사를 하는 것이 싫은 것은 아니다. 남자와 식사를 할 때는 좋아하는 사람과 마주앉아 하는 것이 좋다. 건전하든 불건전하든 단체로 교제하는 이성만남보다 둘만의 만남이 좋다. 그 때의 상대는 나의 전속이며 함께 있는 동안은 나를 향해 마음을 쓰기 때문이다.

정말로 소중한 친구는 많이 필요 없다. 가까이 있을 필요도 없다. 이웃이나 식사에 초대하는 사람들에게까지 자기 마음의 깊은 구석을 보일 필요는 없다. 자기를 이해해줄 수 있을 거라고 생각되는 친구가 이 세상 어디엔가 있어서 어느 때고 손을 흔들면 대답해주는. 그런 마음을 가질 수 있다면 얼마나 행복할 것인가. 늙는다는 것은 그러한 친구가 한 명, 또 한 명 이 세상을 떠난다는 쓸쓸함일지도 모른다.

고독과 상대하는 법

　예전에 시간이 많은 사람과 부족한 사람 즉, 시간부자와 시간거지의 시간소비행동을 조사한 적이 있었다. 하루 24시간은 누구에게나 평등하다. 그 가운데서 시간부자들은 '가처분시간'이 긴 사람들을 가리킨다. 즉, 마음대로 보낼 수 있는 시간을 얼마나 가지고 있는가에 따라 시간부자 여부를 결정하게 되는 것이다.

　조사 결과 매우 단순한 두 가지 사실을 알게 되었다.

　첫째, 시간은 혼자서는 보낼 수 없다.

　둘째, 시간은 처절로 보내지는 것이 아니다.

　즉, 시간을 보내기 위해서는 함께 시간을 보내줄 상대방과 그리고 시간을 보내기 위한 노하우가 동시에 필요하다는 것이다. 어떻게 보내야 할지도 모르는데 눈앞에 갑자기 한가한 시간이 펼쳐지면 사람에 따라서는 그 시간이 '지옥'이 되기도 한다.

혼자서 보내기 힘든 시간 가운데 크리스마스와 연말연시가 있다. 친구들이 모두 각자의 가족들에게 돌아가버리고 평소 번잡했던 거리는 한산해져 마치 이 세상에 홀로 남겨진 것 같은 기분이 드는 시기다.

그러나 그것도 싱글이 드물었던 시대의 이야기다. 요즘 이런 걱정에 괴로워하고 있는 사람은 없다. 제2장에서 소개했던 모에코 씨는 12월 31일이 되면 싱글 동료들을 집합시켜 연말 TV쇼를 같이 보며 모두와 함께 새해를 맞는다고 한다. 이렇게 되면 '외톨이 새해맞이'가 일 년에 한 번 열리는 파티 날로 변한다. 세상 모든 일, 지혜와 노력이 필요한 법이다.

요 몇 년 동안, 새해를 맞이하면서 반드시 빼놓지 않고 하는 일이 있는데 싱글 남녀 4명이서 토시코시 소바(年越しそば, 일본에는 해를 넘기기 전에 국수를 먹는 풍습이 있다)와 샴페인을 준비해 카운트다운 파티를 여는 일이다. 우리 4명은 이제 '새해맞이 패밀리'라고 불러도 좋을 그룹이 되었다. 그동안 우여곡절도 많았지만 올해도 역시 모두 모여 해가 바뀌자마자 "새해 복 많이 받으세요~"하고 서로 축복해주었다.

한 가지 더 중요한 행사가 있는데 이것은 여성 싱글들이 모여 계속해오고 있는 신년회 행사다. 와타나베 준이치의 소설 『실낙원』을 보면 주인공이 애인과 자살을 결행하기 전날 밤에 최후의 만찬으로 오리와 크레송으로 전골을 해먹는 장면이 있는데 우리는 이 요리를 '실낙원 전골'이라고 이름 지었다. 소설에서는 이 요리를 먹을 때 샤토 마르고 와인(Château Margaux, 와인의 여왕이라고 불리는 보르도 와인의 일종으로 보르도 와인 중에서도 가장 여성적인 맛으로 평가되는 와인)을 함께 했다. 우리도 소중하게 보관했던 샤토 마르고를 꺼내 다함께 맛있는 와인과 함께 신랄하지만 애정 섞인 대화, 그리고 아무리 먹어도 질리지 않는 칸사이(関西)식 오리 전골을 먹으며 일 년에 한 번 찾아오는 빼놓을 수 없는 즐거움을 마음껏 즐기곤 한다.

내 나이대가 되면 멤버의 얼굴을 둘러보며 "올해도 전원이 이렇게 모일 수 있어서 참 다행이다. 내년에도 한 명도 빠짐없이 모두 모였으면 좋겠다."는 생각이 저절로 들게 된다. 매 해마다 몸 상태가 좋지 않은 사람이 생겨나곤 한다. 일 년에 한 번 모이는 '실낙원 전골' 가족이지만 기분만큼은 진짜 가족 못지않다.

크리스마스도 할로윈도 설날도 모두 지금은 싱글들이 즐기기 위한 좋은 구실이 되었다. "가족이 있는 사람은 좋겠다."하며 부러워할 필요가 전혀 없어졌다. 오히려 최상급 와인과 '어른 취향'의 식도락을 즐길 수 있는 기회가 될 수도 있다. 조용한 것을 좋아한다면 자동차와 사람이 썰물처럼 빠져나가 한산해진 도시의 비일상을 혼자서 즐기는 일도 가능하다.

혼자서 지내는 것과 누군가 함께 지내는 것 모두를 골라서 즐길

수 있는 것이 싱글의 특권이 아닐까. 이를 위해 파트너들을 사귀고
관리하는 것은 당신의 몫이지만 말이다.

잊혀져 간다는 것

"늙는다는 것은 주위 사람들로부터 잊혀져 가는 것."이라고 말한 사람이 있었다.

명성이나 권세를 경험해본 사람이라면 그런 기분이 들 수도 있겠다. 하긴 유명인의 부고란을 접할 때마다 "와~, 이 사람 여태 살아있었네?!"하고 놀랄 때가 종종 있다. 내 마음 속에서는 이미 오래 전에 죽은 사람으로 처리되어 있었던 것이다. 변화가 심한 저널리즘 세계, 또는 인기를 먹고 살았던 사람에게 있어 미디어 노출의 감소는 말 그대로 '사회적 죽음'을 의미하는 것일 테다.

그러나 만나본 적도 없고 개인적 관계도 없는 무수한 대중들로부터 '기억'된다는 것이 과연 스스로의 인생에서 어떤 의미가 있을 것인지는 곰곰이 따져볼 일이다.

상실의 경험이 고통스러운 것은 같은 시간과 경험을 공유했던 누군가가 그 죽음과 함께 '기억'을 저쪽 세상으로 가져가버리기 때문이다. 기억이란, '나'라는 존재의 일부가 그 사람 속에서 살아 숨 쉬고 있음을 뜻하는 것으로서 만약 나를 기억해주는 누군가가 그 '기억'과 함께 이 세상을 떠난다는 것은 그 사람의 기억 속에 살아있던 자신의 소중한 부분이 억지로 비틀어 떼어져 나가버리는 것과 같다. 당연히 돌이킬 수 없는 상실이 된다. 덮어버리려 해도 덮을 수 없는 공허감이 생기게 되는 것이다.

그래서 나는 내가 사랑한 적이 있던 사람들이 더욱 더 오래 살아주기를 바라고 있다. 설사 그가 과거의 사람이라 할지라도 그 사람의 기억 속에 서로 사랑했던 기억이 아직 남아 있을 것이라는 생각에서이다. 지구상 어디에 있든 그 사람이 살아 있다는 것만으로 안심할 수 있게 된다.

나이를 먹을수록 과거에 사랑했던 사람들이 하나 둘씩 세상을 떠나간다. 그 때마다 나 자신 속에서 영원히 잃어버리는 부분이 있음을 뼈저리게 느끼게 된다. 그런 식으로 가까운 사람들로부터 그 죽음에 의해 '잊혀져 가는 것'이 늙음을 뜻하는 것이라면 거기엔 동의할 수 있다.

이런 이야기를 하다보면 "재고가 많으신가보군요?"하는 말을 들을지 모르겠지만 사실 맞는 말이다. 한 사람의 파트너만 바라보며 살아오지 않았기 때문이다.

사랑했던 기억의 '재고'는 많아서 손해될 일이 없다. 한 번 사랑한 적이 있던 사람은 사랑할만한 이유가 있어서 사랑한 사람이었기 때문에 나는 사랑이 끝난 후에 누군가를 미워해본 적이 한 번도 없다. 좋아했던 사람이 불행해져 있는 모습 같은 것은 보고 싶지 않다. 사정이 있어 헤어지고 난 후에도 계속 행복했으면 하고 바라고 있다. "아쉽게도 내가 행복을 줄 수 없게 되었지만 앞으로도 꼭 행복해지기를." 하고.

다른 사람들보다 오래 사는 것의 소중함은 이러한 상실 속에 있는지도 모르겠다.

사랑하는 연인뿐만이 아니다. 가족, 죽마고우, 친구, 고락을 함께한 동료들…… 같은 시간과 경험을 공유함으로써 형성되어온 기억들이 하나 둘 씩 끊겨져 간다. 모든 기억에는 그 만의 독특하고 고유한 특성이 있어서 다른 어떤 것으로 대체하는 것이 불가능하다.

나보다 나이가 많고 평소 존경해 마지않던 한 남성이 있었는데 오랫동안 고생을 같이 한 시민운동가 동료의 부음 소식에 많은 사람들 앞에서 오열하는 모습을 옆에서 지켜본 적이 있다. 위로의 말도 할 수 없었다. 이럴 때 나는 당신의 심정을 이해해줄 수는 없지만 당신의 슬픔만큼은 확실하게 느끼고 있습니다, 라고 온 몸으로 표현하는 수밖에 없다.

이러한 상실의 고통을 경감시키기 위해서는 연하의 친구를 만드는 것이 가장 좋다. 연하라고 해서 자기보다 오래 산다고 보장할 수는 없지만 적어도 상실의 위험도를 분산시키는 것은 가능해진다. 이러한 위험도의 분산은 초고령사회를 맞아 더욱 필요하게 될 것이다. 장수하면 할수록 부모가 자식들보다 더 오래 살아 자식들 장례를 치러야 하는 반대 상황이 얼마든지 일어날 수 있는 시대가 되었으니 말이다.

어떤 한 사람의 기억이 다른 누군가의 기억을 대신하거나 그 기억을 메워줄 수 없는 것이 물론 당연하기는 하나 그렇다 하더라도 "내가 여기에 있어. 당신은 혼자가 아니야."라고 메시지를 보내오는 누군가가 있다는 사실은 매우 중요하다.

애완동물의 경우라면 이야기는 더욱 간단하다. 애견사망증후군(pet loss syndrome)이 무서워 걱정을 하고 있던 나의 한 친구는 나이가 들어 몸이 약해진 개를 바라보며 다시 강아지 기를 결심을 했다. 오랜 세월 가족같이 지내던 개를 잃었을 때의 충격을 예상하고 내린 결정이었으리라. 새 강아지고 오고 난 뒤 그녀는 매우 타산적이게도 귀여운 새 강아지에게로 완전히 애정이 옮겨갔다. 다행스럽게도 원래 기르던 개는 새 강아지에게 질투를 느끼지도 않고 오히려 보살펴주고 있다고 한다. 그녀는 눈을 가늘게 뜨며 이렇게 말한다. "강아지가 너무 너무 귀여워서 나도 어쩔 수가 없었어."

그래도 고독하다면? 무엇으로 고독을 달랠 수 있을까? 누군가에게 '당신은 혼자가 아니에요'라는 이야기를 들으면 괜찮아 질까? 아니다. 정확히 말하자면 '당신의 고독을 내가 완전히 이해할 수는 없지만 당신과 마찬가지로 고독 속에 있는 나는 최소한 당신이 고독하다는 사실만큼은 알고 있어요'라고 이야기 해주는 쪽이 정말로 고독을 달래 준다고 할 수 있다.

이 사실만 잘 숙지하고 있다면 옛날 서적을 통해서도 '자신을 알아주는 위로'를 받을 수가 있다. 오랜 기간 투병생활을 했던 생명과학자 케이코 씨가 쓴 책에 이러한 문장이 있다.

> 종교서적, 철학서적, 문학서적 등을 이것저것 읽는 동안 (중략) 인간이라는 존재의
> 슬픔이 옅어진 것은 아니다.
> 오히려 책을 읽는 것에 의해,
> 그 슬픔은 부정할 수 없는 부동의 사실이 되어갔다.
> 그러나 그 슬픔을 알아버린 것이
> 나 혼자만이 아니라는 사실도 알게 되었다.
> 『야나기사와 케이코, 생명의 말(いのちのことば)』集英社, 2006년 / 이하 야나기사와 씨 인용
> 은 모두 같은 책에서)

싱글에게 있어 고독은 소중한 파트너. 고독을 회피하려는 대신에 고독과 사귀는 법을 배우는 편이 좋을 것이다.

고독을 달랠 것인가?
마주할 것인가?

그렇다면, 어떻게 고독과 사귈 것인가. 그것이 문제다.

고독을 상대하는 데에는 두 가지 방법만이 존재한다. 달랠 것인가 정면으로 부딪힐 것인가.

'고독'이라는 단어에는 「외로움 loneliness」과 「혼자인 상태 solitude」의 두 가지 의미가 들어 있다. '외로운 것'과 '혼자인 것'은 서로 같지 않다.

고독이라는 단어를 들으면 곧 '외로움'이라는 단어를 떠올리는 구세대는, 프라이버시의 무시가 친밀함의 증거라도 되는 듯 서로 몸을 부대끼며 살아왔다. 그들은 언제나 바로 옆에 타인이 있는 공간을 '편안한 상태'로 여기는 사람들이다. 그러나 타인과의 신체 거리란 생활습관에 의해 결정되는 것이기 때문에 라이프스타일이 변함에 따라 변하기 마련이다.

피할 수 없다면 즐기는 편이 낫다. 카즈미 씨도 『더 이상 '혼자'가 무섭지 않아(もう「ひとり」は怖くない)』(祥伝社, 2001년)라는 책에서 '외로움'과 '혼자인 것'을 구별하고 있다. 전적으로 동감한다. 외국계회사에서 열심히 일해온 커리어 우먼, 많은 사람들과 만나고 교섭하고 부대껴온 끝에 모든 영역에서 성공을 거둔 사람이 "혼자인 것은 마음 편한 일이다"라고 말해주니 설득력이 생긴다. 반대의 논리로 만약 당신이 "혼자인 것이 마음 편하다"고 생각하는 사람이라면 안심하고 싱글이 될 수 있다는 말이 된다.

성인 비디오영화의 감독이자 배우인 히토시 씨가 쓴 『모든 것은 인기를 얻기 위한 것이다(すべてはモテるためである)』에는 '있을 곳을 찾는' 외로운 사람들을 향한 유명한 문장이 있다. 왈, '당신의 있을 곳'이란 '혼자서도 외롭지 않은 장소'를 말한다. 이 한 줄을 읽는 것만으로도 이 책을 읽을 가치가 충분히 있다. 인기를 얻고자 하는 일념으로 이것저것 안 가리고 모든 노력을 경주해온 한 남성이 결국 도달한 인생의 '철학'이 이것이다. 나는 감격한 나머지 문고판 해설을 쓰기에 이르렀다.

헨리 소로우(Henry D. Thoreau)의 『월든: 숲속의 생활(Walden: Life in the Woods)』(1854년 미국의 사상가 소로우가 발표한 에세이. 월든 호수에서 약 2년 동안 지내며 자연과 인간과의 관계에 대한 철학적 사색을 정리한 책) 이 발표된 이후 미국인들 중에는 이러한 종류의 고독에 강하게 맞설 수 있는 사람들이 많아진 것 같다.

외교관 아들인 미국인 친구가 이런 이야기를 해 준 적이 있다. 70대가 된 부모가 황혼이혼을 결정하고 어머니는 보스턴 외곽에 있는 숲 속에 집을 한 채 얻어 혼자 살기 시작했고 아버지는 정년퇴임 후 가끔씩 뉴욕에 사는 그를 찾아와 함께 식사를 한다고 한다. 그가 이야기하는 말투에는 아버지보다 어머니를 더 존경하고 있는 마음이 분명하게 드러나고 있었다.

이런 이야기를 들을 때마다 머릿속에 떠오르는 것은 미국의 여성작가 메이 사튼(May Sarton)이다. 그녀가 쓴 소설 『최후 결산의 날(A Reckoning)』속에서 여주인공은 자신의 고독(solitude)이 자신의 딸에 의해 방해받는 것조차 꺼리고 있다. 어머니를 잃게 될 상실감에 빠져 공황상태를 겪고 있는 딸의 강력한 애정표현조차 번거로운 것으로 느끼고 있는 것이다. 그런 그녀가 죽기 전에 만나길 희망하는 단 한 사람은 바로 자신을 가장 잘 이해하고 있다고 생각되는 오래된 동성친구였다.

나는 친구들과 만나 어울리는 것도 좋아하지만 혼자 있는 것도 좋아한다. 당신처럼 바쁜 사람이 그럴 리가 있나요? 하고 말하는 사람들도 있지만 그렇지 않다.

캐나다 밴쿠버에서 여름을 난 적이 있었다. 나는 매일 저녁 7시 태양이 저물어갈 즈음이면 "자, 슬슬 나가볼까?"하며 캔 맥주 한 개를 챙겨 차를 몰아 외출하는 것이 일과 중 하나였다. 목적지는 태평양 쪽으로 삐죽 나온 해안의 벼랑 끝. 위도 상으로 높은 곳에 위치한 밴쿠버의 일몰 시간은 늦은 편이다. 잔디 위에서 바닷바람을 맞으며 캔 맥주를 마시며 지는 해가 조용히 수평선에 가까워지는 것을 기다린다. 그 때의 행복감이란!

가끔은 옆에 누군가가 있었으면 하고 생각할 때도 있었다. 기쁨이란 것은 서로 나누면 2배 3배로 늘어난다는 것도 알고 있지만, 그래도 그 때의 행복감은 굳이 다른 누군가와 나눌 필요성을 느끼지 못할 정도로 완벽한 것이었다.

당시에는 식사를 함께 할 소탈한 친구들도 아주 많았지만 사람들과 함께 있어 느끼는 즐거움과 혼자 느끼는 즐거움은 다른 것이다. 내가 이런 식으로 일몰을 바라보며 저녁 시간을 즐기고 있다는 사실은 누구에게도 말한 적이 없고 떨어지는 해를 볼 수 있는 그 비밀의 장소 역시 아무에게도 가르쳐주지 않았다.

자연은 고독에게 가장 큰 벗이 된다. 혼자 있는 것이 전혀 고통스럽지 않은 것은 자연 속에 있으면서 자신이 얼마나 미미한 존재인지를 실감할 수 있기 때문이다. 나는 어렸을 적부터 산에 가거나 캠프를 하면서 바깥 활동의 즐거움을 깨치고 있었는데 이러한 즐거움을 10대의 나에게 가르쳐 준 오빠에게 감사하고 있다.

덕분에 지금도 스키나 스쿠버다이빙 등 자연 속에서 즐기는 취미활동을 좋아한다. 이른 아침 해가 뜨기 전 스키복과 장비들을 바리바리 챙겨 완전무장을 마친 뒤 찬바람에 몸을 떨며 스키장으로 나간다. 준비하는 동안은 번거롭기도 하지만 설원 위에 섰을 때, 뱃속 깊은 곳에서부터 솟아오르는 듯한 순수한 기쁨을 느낀다. 자연스레 북받쳐 오르는 감정에 나도 모르게 어느새 빙그레 미소 짓고 있는 나 자신을 깨닫곤 한다. 어떠한 스트레스라도 단숨에 사라진다.

아웃도어 활동이 즐거운 이유 중 하나는 나를 받아주는 대자연의 존재가 있기 때문이다. 더 정확히 말하면 인간의 존재와는 상관없이 어쨌든 자연은 그저 그곳에 있다는 압도적 사실과 직면할 수 있기 때문이다. 자연 입장에서는 인간이 있건 없건 아무런 상관이 없다. 해발 2,500m를 넘는 산악지대는 인간의 접근을 허용하지 않는 혹독함을 가지고 있다. 등산객은 산의 기분을 살피면서 그 매력의 편린을 일부 맛볼 수 있는 것에 지나지 않는다. 고산지대의 꽃밭은 매우 아름답지만 나를 위해 피어 있는 것은 한 송이도 없다. 내가 가건 말건 꽃밭은 빙하시대 때부터 피고 지고를 반복해왔으며 내가 죽어 없어지고 나서도 그러할 것이다. 그러한 자연이 지금 나의 눈앞에 있다는 사실에 나는 기적을 느낀다.

"자연이 좋은 건 나와는 상관없이 그곳에 있기 때문이지."

하고 친구에게 말했을 때 그녀는 바로 이렇게 대답했다.

"그런 거 싫어. 뭐든지 나를 위해서 있었으면 좋겠어."

이 친구, 직업이 심리 카운슬러다. 이런 이런.

외로울 때는 외롭다고
말할 수 있다

내가 너무 강한 척 하는 것으로 보일는지도 모르겠다. 그렇다면 고독과 상대하는 또 하나의 방법 즉, 고독을 달래는 법에 대해 생각해보도록 하자.

나의 기본 룰은 '외로울 때는 참지 말자'는 것이다. 외로울 때는 외롭다고 말하자. 더 정확하게 말하자면, '나 지금 외로워!'라고 마음놓고 이야기 해도 되는 사람을 사전에 미리 조달해 놓자.

나는 나의 약한 부분을 잘 알고 있기 때문에 인간관계에서 안전망을 만들어 놓는데 노력을 해왔다. 외국생활에서 많은 스트레스를 받는 다는 것은 이미 앞서 이야기했다. 그럴 경우 불평을 늘어놓거나 수다를 떨러 찾아갈 수 있는 상대를 가능한 빨리 만들어 두는 것이 최고다. 그것도 모두 현지조달로. 한 친구는 이걸 가리켜 '공포의 모택동주의'라고 불렀다(전쟁 시 병사들의 물자조달에 있어 기본적으로 현지조달을 원칙으로 했던 모택동의 전술에서).

친한 친구들은 내가 불평불만이 많고 우유부단한 성격의 소유자라는 사실을 잘 알고 있다. 물론 그런 부분은 일 관계의 동료들에게는 보이지 않는 부분이지만. 젊었을 때는 타인에게 불평을 늘어놓고 싶지도 않았고 타인의 불평을 듣고 싶지도 않았다. 위로의 말을 건네받을 때면 "말뿐인 위안이라면 그만둬줄래?"하고 대꾸했던 나였지만 나이가 들면서 생각이 변했다.

불평을 말할 수 없는 사이라면 친구라고 할 수 없으며, 설령 도움이 되지 않는다는 사실을 알더라도 "빈말이라도 위로의 말 정도는 해 주면 좋잖아?"하는 기분이 들곤 한다. 반대로 내 입장에서도 "도움이 되지는 못하더라도 언제든지 들어줄 준비가 되어 있어. 아무 때나 와."하고 말할 수 있게 되었다.

인간이 '깨지기 쉬운 물건'이란 사실을 알게 된 것은 세월의 효과라 할 수 있을까? '깨지기 쉬운 물건'이기 때문에 '깨지기 쉬운 물건'으로서 다루어야만 한다고 생각하게 되었다. 이래저래 실컷 깨지는 경험을 하고나서 터득한 사실이다.

이런 기분이 들 때면 참 여자라서 다행이라는 생각이 가슴 깊이 느껴지곤 한다. 약한 소리를 내는 것이 전혀 수치나 결함이 되지 않기 때문이다. 이러한 눈으로 같은 세대 남성들을 보고 있자면 불쌍한 기분이 든다. 스트레스의 정도는 여자와 같을진대 그걸 분출

하지 않도록 자신을 억제하고 있어 쌓이고 쌓인 스트레스로 인해 결국 병에 걸리거나 자살을 하거나 하는 결말을 맞이하게 되는 것이다.

나는 남자의 약점을 잘 알고 있는 관대한 여성이므로 남자들은 틀림없이 나를 매우 편리한 존재로 느끼고 있을 것이다. 먹여주고, 마셔주고, 불평을 들어주고, 하다보면 내가 대체 지금 무엇을 하고 있는 거지? 하는 생각이 들기도 하지만 어쩔 수가 없다. 남자란 약한 생명체이므로. 여자와 같은 정도로 약한데도 그 약함을 스스로 인정할 수 없다는 약점을 가지고 있는 골치 아픈 생명체인 것이다.

나이를 먹는다는 것은 스스로의 약함을 인정해간다는 것을 의미한다. 늠름하고 의연하며 기개 넘치는 노인들도 분명히 있긴 하지만 내가 그런 사람들을 흉내 낼 수 있을 거라고는 생각하지 않는다. 병으로 고통을 느낄 때면 너무 아파 눈물을 훌쩍일 것 같고 죽는 날을 선고받는다면 충격에 당황할 것 같다.

나의 아버지는 의사였는데 당신이 이미 손 쓸 수 없는 말기 암 환자라는 사실을 알고 난 뒤부터는 죽음의 문턱 앞에서 동요하길 반복했다. 조금도 죽음에 대한 준비를 하지 못했다. 그것이 보통 사람의 모습일 것이다. 아버지를 돌보기 시작하면서 친구나 지인으로부터 비슷한 경험에 대해 질릴 정도로 많이 들었으나 훌륭한 사람의 훌륭한 죽는 법 같은 것은 아무리 많이 들어도 전혀 도움이 되지 않았다. "그런 사람들도 있기야 있을 테지."하는 느낌뿐이다. 모든 사람이 그런 의연한 모습으로 죽음을 맞이할 리가 없다. 나는 아버지의 동요를 지켜보면서 죽어가는 사람의 기분을 맞춰주는 것이 가족의 역할이 아닐까 하고 결심을 다졌다.

내가 '존엄사(尊嚴死)'에 대해 의문을 품는 것은, 자신이 건강할 때 날짜를 기입하고 작성한 생명연장거부 서류 같은 것을 만들어 놓아봤자 정작 때가 되면 어떻게 심경이 변할지 전혀 알 수가 없기 때문이다. 인간은 약하다. 그리고 동요한다. 어제 생각한 것을 오늘 뒤집을 수도 있다. 과거에 작성한 의사표현을 관철하는 것이 존경스럽거나 훌륭한 일이라고는 생각되지 않는다.

괴롭고, 슬프고, 아프고, 혼란스럽고……. 그럴 때 "도와줘"라고 말할 수 있는, 아무 거리낌 없이 말할 수 있는, 여자라서 다행이라고 느끼는 것은 바로 이런 때이다.

도와달라고 말했을 때 아무도 도와줄 사람이 없다면 정말 슬플 것이다. 이런 때를 위해 안전망 즉, 언제라도 우는 소리를 들어줄, 어려울 때 도와줄 사람을 만들어 놓고 또한 지속적인 관리를 해주는 것이 중요하다. 친구란 이런 것을 위해 존재하는 것이다.

Saving

4

Women's

돈은 어떻게?

Future

돈으로는 살 수 없는 것

　최근에 재미있는 현상이 나타나고 있는데, 바로 은퇴한 남자들도 퇴직 이후의 삶에 대해 관심을 갖기 시작했다는 것이다. 지금까지 남자들은 은퇴 이후에 아내에게 의존적으로 생활해 왔다는 점에서 이런 변화는 눈여겨 볼만 하겠다. 그러나 이 사람들의 고민은 그다지 깊지 않은 것 같다. 60대 중반으로 아직 기운이 팔팔 넘치는데다가 아직은 자신의 건강에 대해서도 자신감을 갖고 있는 듯하다. 게다가 만에 하나 몸이 불편하게 되더라도 아내가 자신을 돌봐줄 것이라 굳게 믿고 있는 것이다. 더욱 걱정스러운 것은 "그래서 건강한 와이프를 들여왔지요."라고 거리낌 없이 말하는 사람도 있다는 것이다. 그 '건강한 와이프'가 병으로 쓰러지거나 먼저 세상을 떠나는 경우도 종종 발생하니 인생이란 모를 일이다.

　물론 아내가 먼저 떠났다면 재혼이라는 수가 있기는 하다. 옛날과는 다르게 요즘은 남자들도 재혼하기가 그리 쉬운 것은 아니지만 IT 백만장자로 세상을 떠들썩하게 했던 호리에몽(호리에 다카후미(堀江 貴文)의 별칭. IT 관련회사인 라이브도어사를 만들어 많은 돈을 벌었고 그 독특한 가치관으로 사회전체의 이목을 집중시켰으나 2006년, 증권거래법위반혐의 이후 몰락하게 된다)은 "여자는 돈을 쫓아온다."고 했는데, 이 말이 틀린 말이라고는 할 수 없다. 실제로 많은 경우에 남자가 사회적 지위와 재산이 있으면 젊고 건강한 아내를 찾을 가능성은 높아진다.

이전에 취재했던 교토의 한 결혼알선단체 대표의 말에 따르면 나이가 들어 다시 하는 재혼의 경우에도 무사하게 결혼이 성립되는 커플의 조합은 예외 없이 여자가 남자보다 연하인 경우라고 한다. 아마도 '건강한 와이프'에게 미래에 있을 돌봄을 보장받으려는 계산도 들어 있을 것이라는 점은 굳이 말하지 않아도 좋을 듯싶다.

그런데 이러한 결혼을 가로막는 것이 다름 아닌 그들의 아들딸이라고 한다. 그러나 이것도 잠시일 뿐, "그러지 말고 한번 생각해 보세요. 부모님을 돌보는데 들어가는 수고가 줄어드는 셈이잖아요."하고 설득하면 거의 대부분이 한 발 물러선다고 한다. '새로 생기는 어머니에게 재산을 조금 나누어 준다 하더라도 아버지를 돌봐야 하는 의무로부터 해방될 수 있다면 싼값으로 해결된다.'고 생각하는 것이다.

그러나 상황이 언제나 이렇게 잘 돌아가는 것은 아니다. 나는 아저씨들을 상대로 한 강연에서는 여성들의 삶이 변화하고 있다는 현실을 가능한 한 자세히 설명하고 이래도 변하지 않고 그대로 있으시겠습니까, 하고 으름장을 놓곤 하는데 아무리 열심히 떠들어 봐야 마지막에는 결국 이런 말을 듣고 만다.

"오늘 말씀을 듣고 나니까 역시 마지막까지 의지가 되는 것은 돈밖에 없군요."

이 한 마디를 들으면 내가 지금까지 여기서 떠든 것은 도대체 무엇을 위해서였는가 하는 느낌에 정말로 온 몸의 힘이 쭉 빠져 버린다. 이야기 마지막에 나는 항상 다가올 미래가 비록 불안에 가득 찬 것일지라도 그 불안을 조금이라도 줄이기 위해서는 사회적인 돌봄 시스템을 만들어야 하고 그것을 위해 노력하고 있는 사람들(그 대부분이 여성이다)이 있다는 이야기를 해왔기 때문이다.

진짜로 필요한 것은 돈으로 살 수 없다. 남자들이 나이가 들어 재혼하면서도 보장받고 싶어 하는 '돌봄'이라는 상품에 한해서는 가격과 품질이 같이 움직이지 않는다. 돈만 있다고 원하는 것을 얻을 수 있는 품목이 아닌 것이다. 이러한 사실을 입에 침이 마르도록 이야기해 왔건만, 도대체…….

그런데 또 재미있는 것은, 이 결혼알선단체 대표의 말에 따르면 여성의 경우에는 반드시 상대 남성의 수입에 대해서 묻는다고 한다.

"할머니도 연금 받고 계시잖아요?" 하고 말해도 여자 쪽에서 "생활은 남자가 책임지는 것"이라며 깊이 스며든 젠더 규범을 드러낸다고 한다.

　나이도 먹을 만큼 먹었으니 이제 남자다 여자다 하는 젠더 규범에서 벗어나도 좋으련만.

　양쪽 모두에게 '돈'이라는 것이 중요한 변수이기는 하지만 돈만 있다고 해서 이 아저씨들의 생각대로 집에서 걱정없이 지내다 부인의 보살핌을 받으며 때가 되어 편안히 죽음을 맞이할 수 있을 것 같지는 않다. 그럴 수도 있지만 현실은 그렇게 녹녹치가 않다. 그럴수만 있다면 그리 큰돈이 들어가지도 않을 것이다. 그러나 대부분의 경우가 그렇지 않아서 문제가 된다. 죽음에 이르는 비용이 만만치 않은 것이다. 그럼 이쯤에서 돈과 상관없는 죽음에 대해 실제 있었던 사례를 통해 살펴보자.

　자택에 혼자 살면서 24시간 도우미로부터 간병을 받으며 마지막을 맞이한 할아버지가 있는가 하면 시설에서 생활하며 호스피스 전문 간호사의 곁에서 마지막을 맞이하는 할머니도 있다. 두 경우 모두 가족이 있는 분들이었다.

　전자의 할아버지는 두 딸이 먼 곳으로 시집을 간 상태였다. 할아버지 몸의 변화를 가장 먼저 알아챈 것은 매일 상태를 체크하러 오는 도우미였다. 도우미는 이제 준비할 때가 되었음을 직감하였고 가족들에게 연락을 했다. 두 딸은 곧 달려왔고 며칠 동안 함께 머물며 마지막 일주일을 보내다가 아버지를 떠나보냈다. 그리고 나서

도우미는 가족들로부터 깊은 감사의 말을 전해 들었다고 하는데, 이것이 만약 일주일이 아니라 한 달, 혹은 세 달까지 계속 이어졌다면 감사의 말보다 원망의 말을 들었을지도 모를 일이겠다.

후자의 할머니는 병원 측에서 더 이상 치료할 도리가 없다며 퇴원을 권고 받은 경우였다. 가족들은 인생의 마지막 순간을 눈앞에 두고 있는 노모를 자택으로 모신다는 사실에 불안감을 감추지 못했다. 보통 이러한 때는 "의사선생님, 부탁입니다. 마지막까지 병원에 있게 해주세요."라며 의사에게 의지하거나 아니면 호스피스를 전문으로 하는 병원을 찾아 옮겨가는 것이 일반적이다. 그러나 "할머니, 매일 다니던 시설로 돌아갈래요?"하고 묻자 할머니는 그러겠다고 대답했다고 한다.

익숙한 공간, 익숙한 사람들이 있는 곳에서 가족의 손이 미처 닿을 수 없는 부분까지 훌륭하게 서비스를 받으며 할머니는 평온하게 최후를 맞이할 수 있었다. 물론 가족들로부터는 깊은 감사를 받았다. 본인과 가족이 시설에 깊은 신뢰가 있었기 때문에 가능한 일이었지만, 사실 그곳은 본래 호스피스를 목적으로 하는 곳이 아니기 때문에 할머니가 이런 종류의 임종을 맞이할 수 있었던 것은 오로지 의무시간외에 행해진 헌신적인 서비스 덕택이라고 할 수 있다.

이런 일이 가능한 것은 정말로 돌봄이 필요한 사람들을 위해 도움이 되고자 하는 순수한 마음으로 사업을 사람들이 있기 때문이다. 고액유료시설에 입주한다 하더라도 이러한 서비스를 받을 수 있을 거라고는 장담할 수 없다. 돈으로 무엇을 살 수 있는가, 그것을 생각해보면 '돈으로 살 수 있는 것'에는 한계가 있다는 것을 곧 깨닫게 된다.

체면보다 현실을
직시하라

    돈으로 뭐든 할 수 있는 것은 아니다. 그렇다고 돈이 없어도 괜찮은 걸까? 돈이 없는 것도 문제가 되기는 마찬가지다. 돈이 없는 편 보다는 있는 편이 좋다. 그럼 얼마나 있으면 될까?

    우선 생활비 면을 생각해보자. 혼자가 된 후의 생활에는 돈이 얼마나 들어갈까? 물론 이것도 그때까지의 생활 습관이 영향을 미치기 때문에 최고급부터 최하급까지 있을 수 있다. 일률적으로 말하기는 쉽지가 않다. 어쨌든 중요한 것은 앞으로 수입이 늘어날 가능성은 희박하기 때문에 조금이라도 지출을 줄이는 쪽으로 방향을 잡아야 한다는 것이다. 그런 면에서 생각해 보면 난방이나 통신요금 같은 것은 생활에 직접적인 요소들이기 때문에 줄이기도 힘들고 빼기도 힘들다. 그렇다면 노력해서 지출을 줄일 수 있는 항목에는 어떤 것이 있을까. 그 대표적인 것은 각종 부의금과 축의금이 아닐까.

　누구네 아들 결혼식이다, 누구 어머니 장례식이다, 정말이지 60쯤 되고 보면 끊이지 않고 이런 소식을 듣게 된다. 체면 때문에 안 갈수도 없는 결혼식 청첩장과 장례식 안내가 정말이지 1주일이 멀다하고 날아든다. 바로 이런 데 들어가는 부의금과 축의금이 은퇴 후의 가계에 직격탄을 날리는 주범인 것이다. 게다가 이것은 모두 현금지출이기 때문에 타격은 만만치 않다. 자식이나 손자의 입학축하나 취업축하, 결혼축하도 좋지만, 앞으로도 꽤 오래 살아야 할 자신의 현실도 돌아봐야 한다. 사회적 체면도 중요하겠지만 자식이나 손자, 조카들에게 노후를 의지할 생각이 아니라면 현실적인 상황도 고려해야만 하는 것이다.

　가족뿐만이 아니다. 친구, 지인 등의 사망소식과 부의금도 큰 걱정거리가 된다. 장례식에 참석을 안 하자니 마음이 무겁고 가자니 부의금 부담이 되는 것이 사실이다. 결혼 시즌이다 졸업 시즌이다 하는 얘기만 들어도 벌써 내 지갑에서 돈이 무섭게 빠져나가고 있는 듯한 착각이 들 정도다. 돈 몇 푼에 인간관계를 끊을 순 없겠지만 그렇다고 마냥 지출만 하고 있을 수도 없는 문제다.

　근래 들어 가까운 친지들만 모시고 장례를 치렀습니다, 하는 안내를 받는 경우가 종종 있다. 장례식은 장례식대로 치루고 고인을 추모하는 지인들의 '애도 모임'은 '부의금'과 관계없이 하고 싶은 사람끼리만 모여서 한다고 한다. 서로 간에 이러한 풍토가 생긴다면 의례적인 행위에 머리가 아파지지 않아도 될 것이다. 가끔 가기 싫어도 억지로 가서 부의금까지 내고 왔건만 "고인의 유지를 따라 부의금은 모두 복지시설에 기부하였습니다."라는 편지가 오는 경우가 있는데 그러려면 좀 더 일찍 말해주지, 하는 느낌마저 든다. 고인을 애도하는 마음과 돈과는 별개의 것이다. 부의금의 액수로 잴 수 있는 것이 아니다.

교토에 야생화를 테마로 한 꽃바구니를 배달해주는 가게를 한 군데 알고 있다. 나는 유족들에게 애도의 꽃바구니를 보낼 때면 언제나 이곳을 이용하여 보내고 있는데, 꽃이 넘쳐나는 장례식 시기를 피해 7일재나 49일재를 마쳐 한숨 돌리고 있을 즈음에 보내도록 하고 있다.

그것도 유족과 친분이 있을 경우에만 그렇다. 고인을 위한다기보다는 나 자신을 위해 고인에게 마음속으로 "안녕"을 전하고 나의 기분에 마침표를 찍기 위한 것이다.

생각해보면 장례식이란 죽은 사람을 위한다기보다 산 사람들을 위한 것이라 할 수 있다. 권세와 지위를 누리던 사람 본인이 죽었을 때보다 그 사람의 부모나 아내가 죽었을 때의 장례가 더 성대하다는 것은 경험이 있는 사람이라면 누구나 알고 있을 것이다. '동참' 의지를 보일 대상이 없어지고 난 후에 그 가족들에게 의지를 표현해봤자 아무 소용이 없기 때문이다.

장례라는 것도 '속세적 의무'의 연장이다. 오래오래 살 싱글들에게는 이제 사회적인 지위나 권력과도 인연이 없을 터이니 이런 의무를 굳이 애써가며 지킬 필요가 없다.

중요한 것은 정말로 중요한 인간관계란 무엇인가를 분별할 수 있어야 한다는 것이다. 오래 산다는 것은 속세의 의무로부터 서서히 발을 뺀다는 것을 의미한다. 마지막에 남는 것은 돈으로 살 수 없는 인간관계뿐일 것이다.

어떤 식으로 여유를
만들어낼 것인가

사실 싱글로 생활하는데는 그리 많은 돈이 들지 않는다. 요새는 대부분의 여성들이 직장생활을 함에 따라 젊은 시절부터 국민연금에 가입된 경우가 많고 한두 개쯤의 보험에도 가입되어 있는 상태이다. 따라서 싱글이 된 이후에는 이와같은 연금과 보험에 약간의 플러스 알파가 있으면 된다. 플러스 알파는 월 수십 만 원이면 된다. 터무니없는 금액이 아니다.

하지만 여기서 문제가 하나 있다. 나이든 여성에게 과연 일자리가 있는가. 옛날 같으면 자식들이 용돈 같은 것을 보내주었을지 모르나 앞으로는 자식들에게는 기댈 수 없다.

싱글로 살아가는 많은 사람들은 다른 사람에게 전수해줄 특기하나나 둘은 가지고 있을 것이다. 다도나 꽃꽂이 선생님을 하거나 매주 시민회관 문학교실에서 시를 가르치는 강사를 하거나 근처 아이들의 공부를 봐주거나 하는 주말 아르바이트 활동을 통해서 한 달에 수십만 원 정도는 벌 수 있다. 그리고 신체가 건강하다면 자기보다 고령자를 돌보는 일을 일주일에 몇 시간씩 하거나 배식서비스와 관련된 유료봉사활동을 하는 등 연령과 상관없는 커뮤니티 비즈니스는 여러 가지가 있다.

스스로 사업을 해도 좋다. 타인에게 고용되기 때문에 성이나 나이에 따른 차별을 받는 것이다. 자신이 창업을 하거나 개인사업체를 가지고 있다면 타인의 비위를 맞출 필요가 없다.

경제학자 시마다 하루오 씨는 노인 창업을 장려하고 있다. 일본의 고령자 저축률이 세계에서 따라올 국가가 없을 정도로 높다는 사실은 유명하지만 그 대부분이 은행에 맡겨진 채 융통되지 않는 '죽은 돈'이라는 것이다. '죽은 돈'을 사업 등에 투자하여 '산 돈'으로 만드는 게 일본 경제에도 도움이 된다는 것이 그의 요지다. '사무라이 정신'을 발휘하여 파산의 위험을 안고 가면서까지 사업을 할 필요는 없지만 욕심을 부리지 않는다면 작은 사업으로 월 5만 엔에서 10만 엔 정도의 수입을 올릴만한 능력이 있는 사람이 적지 않을 것이다.

오랜 기간 생협활동을 해온 아츠코 씨는 NPO를 설립하여 활동하는 등 바쁜 생활을 보내고 있다. 지금까지의 운동은 모두 무보수로 일하며 필요한 경우 자비를 털어 활동하였으나 이 NPO에서는 지역 주민을 위한 공유 스페이스를 만들어 임대 갤러리로 빌려주는 등의 활동을 통해 수익도 올리고 있다. 지역 내에서도 꽤 평판이 좋아 1년 치 예약이 다 차있는 상태라고 한다. 최근에는 인터넷을 통해 헌책방을 오픈한다는 구상을 세워 필요한 공부를 하는 데 여념이 없다. 인터넷 비즈니스는 점포가 필요 없어 자본금이 거의 들어가지 않기 때문에 위험도가 매우 낮다는 장점이 있다. 돈은 많이 벌지 않아도 좋고 그저 손해만 보지 않는 정도로 운영해나가겠다는 것이 그녀의 생각이었다.

나도 무언가 해볼까 하고 생각했는데 주위로부터 태클이 들어왔다. 정년퇴임한 사회학자를 어디다 써먹어? 하고. 거기까지는 미처 생각하지 못했다. (^^)

노후에도
자금융통(cash flow)을

　일본의 고령자 문제는 여성뿐만 아니라 남성도 연금만으로 생활이 불가능하다는데 있다. 그러므로 연금에 더해 약간이라도 좋으니 매달 필수불가결하게 융통(flow) 즉, 소득이 있어야 한다. 기타 외국과 비교하여 일본 고령자의 일하고자 하는 의욕은 높은 편이다. '일하는 것을 좋아하기 때문' 만은 아니다. 일하지 않으면 연금만으로 생활해나갈 수 없기 때문이다. 그래도 연금이 나오는 집의 경우 돈을 벌기 위해 고생해가며 일할 필요는 없다.

　수년 전 우에노 연구실(동경대학에 설치된 저자의 연구실)에서 행정사무직을 모집했을 때의 일이다. 헬로 워크에 구인광고를 낼 때 연령차별을 피하고자 연령제한을 달지 않았었다. 45세 이상의 구인이 거의 없다는 노동시장. 한 명을 모집하는데 무려 100명의 응모가 몰렸다. 그 가운데 7명이 남성, 4명이 정년퇴직자였다.

요코하마에 살고 있는 엔지니어 출신의 한 70대 남성. 컴퓨터에 능숙했고 인품도 있어 보이는 그 분과 면접을 했는데 "장거리 출퇴근이 되겠군요."하고 내가 말하자, "연금이 나오기 때문에 급여는 낮아도 좋습니다. 매일 다닐 곳이 있으면 규칙적인 생활을 할 수 있으니까요."라는 대답이 돌아왔다. 당신의 건강관리를 위해 우에노 연구실이 있는 것이 아닙니다, 하는 말이 입에서 튀어나오려는 것을 억지로 참았다. 무엇보다도 그 분은 자신의 과거 경력과 업적을 파일로 만들어 지참해 왔는데 그것을 보면 말문이 막힐 수밖에 없었다. 이러한 '과거의 영광'에 의존하는 타입은 특히 남성의 경우가 많은 것 같다. "당신은 이 일을 하기에는 아까운 경력의 소유자인 것 같으니……."하고 정중하게 돌려보냈다.

이런 응모자가 있을 정도면 노인 인재은행도 고용주에게 있어 군침 도는 시장이 될지도 모르겠다. 커리어도 있고 경험도 많은 인재를 저임금으로 고용할 수 있기 때문이다. 일본의 기업은 남성인가 여성인가에 따라, 나이가 많은가 적은가에 따라 노동자를 차별해왔는데 생각해보면 기혼여성을 파트타임으로 고용할 수 있었던 것도 기혼여성이 남편의 돈에 의지해 생활하는 일종의 '연금 생활자'였기 때문이다. 그리고 젊은이들이 아르바이트만으로 생활을 계속 할 수 있었던 것도 부모의 돈에 매달려 생활하는 '연금 생활자'이기 때문이다.

인구학적으로 프리터족, 니트족 현상의 한복판에 있는 것이 전후 주니어 세대인데 이 세대를 '연금 가불 생활자'라고 부른 것이 전후 주니어 시장 연구를 계속해 온 마케팅 학자 츠지나카 토시키 씨이다. 전후 주니어 세대 프리터족은 일본경제의 오랜 디플레이션 소용돌이 속에서 구조적으로 생겨난 피해자인 것임에는 틀림없지만 한편으로는 본인들이 위기감이나 절박감을 조금도 가지고 있지 않은 것도 사실이다.

이 세대의 양태가 '연금 생활자'에 한없이 가깝다는 것을 츠지나카 씨는 마케팅 데이터를 이용해 사실로 입증하고 있다. 예를 들어 저축의지 없이 융통(당장 필요한 수입을 얻는 것)만으로 만족해버린다든가, 장래보다 현재의 이익을 우선한다던가, 이성관계도 섹스를 우선하는 것보다 당장 같이 시간을 보내줄수 있는 상대를 우선하는 것 등이다. 즉, 전후 주니어 세대의 커플은 처음부터 노인결혼 커플인 것이다.

이 세대 사람들이 지금까지 이만큼의 열악한 노동조건 속에서 프랑스 젊은이들처럼 폭동을 일으키지 않고 지낼 수 있었던 것은 가족이 '연금보장'의 역할을 해왔기 때문이다. 최근 들어 일부 경제학자들이 일본의 경제는 가족이라고 하는 블랙홀에 의존해왔다고 주장하는 듯 하나 내 입장에서 말하자면 '뒷북' 치고 있는 느낌이다.

자기가 이루어 놓은 것은
자기가 다 쓰고 가자

전후 베이비붐 세대 중에는 대도시권으로 이주해 온 차남이나 삼남 핵가족이 많다. 그들은 부모로부터 아무것도 물려받지 못했지만 스스로 이룩한 것을 자유롭게 쓸 수 있는 권리를 얻은 사람들이기도 하다. 만약 이들이 자식에게 물려주지 않고 자신들이 번 돈을 모두 써버린다면 자식들의 기대를 저버리는 사실이겠지만 이 부분은 자기책임의 원칙으로 이해해줬으면 한다.

'연금 가불 생활자'인 자식들로부터 부모의 집과 돈이라는 '연금' 도깨비방망이가 사라지게 되었을 때 어떤 문제가 일어날까. 자식 세대는 일본사회의 '불량채권'이 될 것이라고 예측하는 사람도 있는데, 어쨌든 그들이 노후를 맞이하기 전까지 고령자가 개인 저축을 하지 않고도 살아갈 수 있을 만큼의 사회보장시스템이 일본에 확립되기를 기대해보기로 하자.

전후 세대는 재산형성에 있어 부모의 도움을 받지 않았다. 그러나 그 바로 앞 세대의 경우 도시로 나간다는 것은 밖에 나가 돈을 벌어 부모에게 부친다는 것을 의미했다. 이것을 세대간 '부채의 증여'라고 한다. 전후 베이비붐 세대는 부모로부터 '유산'을 상속 받지는 못했지만 대신 '부채'도 받지 않았다. 즉, 자기 일만 신경 쓰면 되는, 어떤 의미에서 럭키한 세대였다. 그런 전후 베이비붐 세대가 자기 자식에 대해서는 영원히 기생할 수 있게끔 관대한 증여를 하고 있다. 자기가 받고 싶었던 '부모로부터의 증여'를 자기 대에서 자식에게 실행하고 있는지도 모르겠으나 그렇게 함으로써 자식 세대의 자립을 방해하고 있다는 사실을 깨닫고 있지 못하다.

자식에게 '유산'도 '부채'도 남기지 않는 것. 자식 세대의 자립을 위해서는 그것이 필요하다. 게다가 사실은 자식 세대에게 언제까지고 선심 쓸 수 있을 만한 여유가 있는 것도 아니다. 나이가 들도록 부모에게 의지해서 살아왔던 자식에게 자신의 노후를 맡기지 못할 것이란 것은 불을 보듯 뻔한 일이다. 자식에게 기댈 수 없다면 자식에게 재산을 나누어 주는 것도 적당히 하고 자신을 스스로 돌볼 필요도 있는 것이다.

Saving

5

Women's

도움 받을 준비를 하자

Future

현실을 받아들일 용기

"도움을 받는데도 용기가 필요하다."

이 말은 오랜 기간 병상에서 '타인'의 도움을 받아 온 환자가 한 말이다. 그렇다. '언젠간 싱글'에 대한 공포를 배가시키는 것이 바로 더 이상 혼자서 살아갈 수 없게 될지도 모른다는 불안이다. 가족이 아닌 타인의 도움을 받는 것은 쉽지가 않을뿐더러 용기도 필요한 것이다.

나이 들어 혼자 남겨진 여자들을 겁주는 말 가운데 하나가 "나이 들고 혼자 남겨지면 외로울 거야"이다. 그러나 이것은 우리가 앞에서 살펴봤듯이 조금만 준비를 한다면 둘이었을 때, 가족과 함께 했던 때와는 또 다른 즐거움을 찾을 수 있을지도 모를 일이다. 그러나 "혼자 남겨진 당신을 누가 돌보지?"라는 질문에 대해서는 마음이 무거워질 수밖에 없다. 이것은 비단 싱글들만의 문제는 아니다. 가족이 있다고 하더라도 마찬가지이지만, 가족이라는 선택이 없는 싱글들에게는 더욱 더 큰 공포로 다가오는 것이 사실이다.

그런 점에서 자식을 길러본 어머니는 당당하다. "너희들 내가 기저귀를 갈아주며 키웠잖아. 이번에는 너희들이 내 기저귀를 갈아줄 차례야."하며 강한 자세로 나갈 수 있다. 그러나 요즘 세태에서 이 역시 말처럼 쉽지는 않다. 부부 사이에서는 어떨까. 이성 간의 배설보조는 같이 섹스를 한 상대가 아니면 할 수 없다고 한다. 물론 도우미처럼 직업 차원에서 하는 것은 별개이지만 부부의 경우라도 오랜 기간 동안 부부관계를 갖지 않았거나 다른 사람이 몸을 만지는 것에 대해 혐오감을 가지고 있는 경우에는 쉽지가 않다. 철썩 같이 자신의 병간호를 해 줄 것이라고 믿었던 아내로부터 "나는 당신 똥 처리 같은 것은 할 수 없어요."하는 말을 듣게 될 가능성에 대해 남자들은 진지하게 생각해보는 편이 좋다.

가족이 있건, 자식이 있건, 결혼을 했건, 싱글 이건, 남자이건 여자이건 간에 현대사회에서는 누구나가 결국 혼자 남겨질 것이라는 사실은 피할 수가 없다. 자식이 있다고 하더라도 내 몸을 돌봐 줄 사람은 결국 '타인'이라는 것을 인정할 수밖에 없다.

그럼에도 불구하고 우리 사회에는 아직 '돌봄을 받는 법'에 대한 논의가 부족하다. 고령사회를 논하는 사람들은 많은데 대부분의 논자들은 다른 사람 일처럼 일반화시켜 다루는 경향이 있다. 자기는 예외인 것처럼 얘기하고 있다고밖에 보이지 않는다. 뿐만 아니라 이것은 누구에게나 닥칠 피할 수 없는 상황임에도 불구하고 어떻게 하면 그런 상황을 피할 수 있을 것인가, 그런 상황을 피할 수 있는 구체적인 방법에는 어떤 것이 있는가 등을 끊임없이 설명하고 주입시킬 뿐이다.

그 대표 격이 PPK주의라고 하는 사상이다.

죽기 전날까지 생생(일본어로 핑핑ピンピン)하게 살다가 어느 날 픽!(일본어로 코로리ㄱ ㅁ リ) 하고 죽는 것이 이상적인 죽음이라는 것이다. 나가노 현에서 시작된 이 PPK운동은 곧 전국으로 퍼졌고 어느 모임에서는 회원 전원이 모여 이 체조를 하는 곳도 있다고 한다. 건강하게 살다가 아프지 않고 가고 싶은 마음을 모르는 것은 아니지만 이것은 사실 거의 불가능한 이야기이다. 이런 이야기를 들으면 온 몸에 소름이 오싹 돋는다. 이것이 파시즘이 아니고 무엇이겠는가.

그 옛날 어느 마을에서는 부인들의 모임이 있을 때마다 모두가 "장애아를 낳지 않도록! 튼튼하고 건강한 아이를 낳읍시다!" 하고 외쳤다는 이야기가 생각난다. 이것은 전쟁 때의 이야기가 아니다. 불과 몇 십 년 전 일이다. 조금이라도 사회의 짐이 될 것 같은 것, 규격에서 벗어난 이물질을 배제하고자 하는 이 '인간 품질관리' 사상이 바로 파시즘이 아니고 무엇이겠는가. PPK 역시 마찬가지이다. 죽기 직전까지 건강하게 사고 싶은 마음이야 알겠지만 그것은 희망일 뿐이다.

석세스풀 에이징

　미국에도 PPK사상과 비슷한 '석세스풀 에이징(successful aging)'
이란 것이 있다. 고령사회의 스타, 95세 히노하라 씨가 이를 그대
로 직역하여 '성공가령(成功加齡)'으로 일본에 소개했다. 생각해보면
90대에도 불구하고 의료현장에서 현역으로 활동하고 있는 히노하
라 씨의 늙어가는 모습 그 자체가 '성공 모델'일 것이다.

　노년학자인 아키야마 씨가 '석세스풀 에이징'에 대하여 딱 맞는
정의를 내려주었다. 석세스풀 에이징이란, "중년기를 죽음 직전까
지 연장하는 것"이라 한다. 그렇군. 그렇게 생각해보니 납득이 간
다. 즉, 이것은 '늙음을 받아들이고 싶지 않다', '회피하고 싶다'
는 언체인징(unchanging) 사상인 것이다. 늙음에 성공이 있다면 실패
도 있다는 이야기일까. 죽을 때까지 성공과 실패를 따져야 한다니,
마음에 들지 않는다.

그러고 보니 죽는 법에도 '올바른 죽음법'이 있다고 한다. 살고 죽는 데 '성공'과 '올바름' 같은 게 있을 리 없잖아! 본인이 스스로 만족하는가 아닌가 밖에 없는 거 아니야?! 하고 생각하고 있을 즈음 '만족사(滿足死)'라는 개념이 나타났다. 상품과 마찬가지로 죽음에도 '만족 보증'이 있다고 한다.

오쿠노 슈지 라는 논픽션 작가가 『만족사(滿足死)』라는 책을 냈다. 오쿠노 씨의 말에 따르면 '만족사'란 본인, 가족, 의료기관의 3자가 함께 만족하는 죽음이라고 한다. 그런데 정말 그럴까? 죽는 순간까지 주변사람들을 만족시켜야 할 의무가 있는 걸까? 거 참, 죽을 때조차 가족과 의사를 '만족'시켜야 한다니.

그런데 오쿠노 씨의 책을 자세히 읽어보니 만족사란 것은 사실 만족스러운 삶을 의미하고 있었다. 내 집에 있을 때 가장 행복을 느낄 수 있다는 환자들의 마음을 간파한 이 사람은 '병원을 집처럼'이라는 개념을 뒤집어 '집을 병원처럼'이라는 발상의 전환을 이루어 냈다.

근래 들어 '존엄사'니 '안락사'니 하는 의심스러운 표어들이 돌아다니고 있어 '만족사'라는 말을 들으면 바로 과민반응을 일으켜버리고 만다.

한 연구에서 인공호흡기에 의지해 생명을 연장하고 있던 환자는 "'존엄사'란 더 이상 살려두지 말라는 '존엄살인'을 뜻하는 거야."라고 이야기 하며 그 뜻을 간파했다고 한다.

기왕에 노후에 관한 연구를 할 것이라면 '만족사'보다 '만족할 수 있는 삶'에 관해 생각해주었으면 한다.

그런 연유로 고령화를 논하는 책을 읽다보면 배움을 얻거나 이해가 깊어지기보다(물론 그런 책도 있으나) 화가 치밀어 오르는 경우가 많다. 또 그것이 이 책의 집필동기가 되기도 하였다. 아무리 건강하게 살다가 아프지 않고 죽기를 바란다 할지라도 엿장수 마음처럼 되지는 않는다. 인간의 생사에 '예정대로'라는 것은 없다는 엄연한 사실과 직면하게 되는 것이다.

양친을 떠나보내면서 새삼 느꼈던 것은 인간과 같은 대형동물은 천천히 죽어간다는 사실이다. 작은 새나 햄스터 같은 소형동물처럼 어느 날 아침 갑자기 몸이 식어있거나 하는 일은 매우 드물다. 우선 팔다리를 못 쓰게 되고, 몸을 못 쓰게 되고, 음식을 먹지 못 하게 되고, 연하장애(嚥下障碍, 음식물을 삼키지 못하게 되는 장애)가 시작된다. 그리고 호흡장애가 일어나 죽음에 이르게 된다. 이 과정을 느릿느릿 밟는 것이 인간의 죽음이고 이 과정에서 병상에 누워 지내는 기간을 필수로 거치게 된다.

자료에 따르면 죽음을 맞이하기까지 병상에서 지내는 기간은 평균 8.5개월이라고 한다. 물론 '평균'이기 때문에 어느 날 아침 갑자기 세상을 뜬 사람도 있고 병상에서 수십 년을 보낸 사람도 있다. 현재의 의료, 위생, 영양 수준이 도달한 '평균'이 이만큼이라는 것이다.

　병상에 누워 있으면서도 오래 살 수 있는 것은 훌륭한 의료가 있기 때문에 가능한 일이다. 만약 그것이 싫다면 위생수준이나 의료수준이 낮은 사회로 가면 바로 죽을 수 있을 것이다. 병에 걸리더라도, 누워 지내게 되더라도, 그 상태로 계속 살아 숨 쉴 수 있다는 것은 문명이 가져다 준 은혜다. 그 은혜를 향유하고 있는 것이 현대사회이다. 그런데 왜 이런 현실을 마냥 기뻐할 수만은 없는 걸까?

도움을 받는 것에도
노하우가 필요하다

　서점에 나가보면 손님을 '대접하는 법'에 관한 책은 있어도 손님으로서 '대접받는 법'에 관한 책은 없다. 마찬가지로 '간호하는 법'에 관한 노하우는 여기저기서 배울 수 있는데 '간호 받는 법'에 관해서는 누구도 가르쳐 주지 않고 있다는 사실은 이상한 것이다.

　이 시대를 살고 있는 사람이라면 돌봄을 받는 당사자로서 '간호 받는 법'에 관한 경험과 지혜를 축적할 사명이 있다고 생각한다. 그러나 도움을 받는 쪽에서 이런 저런 요구를 한다는 것은 우리에게 아직 익숙한 일이 아니다. 세상에는 매우 많은 사람들이 돌봄을 필요로 하고 있고, 그 중에는 언변이 뛰어난 사람도 있을 것이며 글재주가 뛰어난 사람도 있을 텐데 왜 그런 사람들조차 '간호 받는다는 것은 이런 겁니다'라고 이야기 하지 않는 걸까. 왜 이렇게 하면 더 나은 서비스를 받을 수 있어요, 하고 말해주지 않는 것일까?

그런 점에서 나는 나 자신이 간호가 필요한 당사자가 되는 때를 마음속으로 기다리고 있는데(틀림없이 말 많고 시끄러운 사람이 될 것이다) 그 때까지 아무 것도 안 하고 기다리고 있을 수만은 없다. 우선은 이미 개호를 받고 있는 선배들을 만나 이것저것 더 많은 것을 듣고 싶다. 그러나 장차 우리 모두가 돌봄을 필요로 하게 될 것은 분명하기에 각자의 경험을 축적하고 서로 이야기 나누는 것을 잊어서는 안 된다.

어째서 '받는 쪽'에서는 말하기가 어려운가 하는 의문에는 몇 가지 대답이 있을 수 있다.

우선 누군가에게 도움을 받는다는 사실 자체에 부정적인 감정이 존재하기 때문이다. 제도나 법률이 그렇게 생각하고 있는 것뿐만 아니라 돌봄을 받고 있는 사람 본인이 "가능하면 안 받는 것이 좋다"고 생각한다. 스스로가 부정적인 감정을 가지고 있는데다가 많은 사람들역시 보고도 못 본 체 하거나 될 수 있으면 건드리지 않으려고 한다.

여자의 경우 이러한 감정이 더 강해진다. 원래 남을 돌보는 것이 일이었던 탓에 자신이 보살핌을 받는다는 사실을 더욱더 받아들이지 못하게 된다. 남이 나를 나무랄 때보다 내가 나를 나무랄 때가 더 고통스러운 법이다.

병으로 쓰러져 가족으로부터 돌봄을 받게 된 야나기사와 씨는 이렇게 쓰고 있다.

> 나는 좋은 아내가 되도록 어머니로부터 엄한 교육을 받았다.
> 남편을 공경할 것, 남편 앞에 함부로 나서지 말 것, 조심스럽게 행동할 것.
> 남편이 가사 일을 하는 것은 상상도 할 수 없는 일이었다.
> 내가 병에 걸려 마음처럼 움직일 수 없게 되었을 때,
> 어머니로부터의 가르침은 나를 옭아매는 주술이 되었다.
> 나는 이 주술로부터 좀처럼 벗어날 수 없었다.
> 남편이 가사를 하고 있는 것을 보는 것은
> 가시 방석 위에 앉아 있는 느낌이었다.

많은 아내들이 감기에 걸려 열이 펄펄 끓는데도 자기가 나서서 집안일을 하는 것은 남편에게 애정이 있어서도, 남편에게 가사능력이 없어서도 아니고, 스스로의 죄책감에 견디지 못하기 때문이다. 남편이 차 한 잔 타주는 데도 가만히 앉아서 기다리지 못하고 자꾸만 신경이 쓰여 그럴 바엔 차라리 내가 하고 말지, 하는 여성도 있다.

여자를 '여자 역할'에 가두고 있는 것은 남편이나 아이가 아니라 자기 자신이다. 저녁식사에 반찬이 3가지 이상 준비되어 있지 않으면 남편에게 폭행을 당하는 아내보다, 반찬을 3가지 이상 준비하지 않으면 '마음이 개운치 않은' 아내의 숫자가 더 많지 않을까.

그러나 이와무라 씨의 『변하는 가족, 변하는 식탁(変わる家族 変わる

食卓)』(勁草書房, 2003년)을 읽어보면 요즘 이런 여성은 '멸종위기종'일지도 모른다는 생각이 든다. 아이들에게 아침을 꼬박꼬박 챙겨주는 어머니도, 직접 반찬을 만들어 먹이지 않으면 성에 안 차는 어머니도 젊은 세대에서는 급속하게 줄어들고 있기 때문이다.

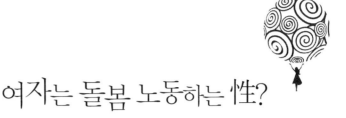

여자는 돌봄 노동하는 性?

고령 여성의 입원기간이 길어지는 경향에 관해 의료관계자로부터 이런 이야기를 들은 적이 있다. 주치의가 "이제 퇴원해도 좋습니다."하고 말해도 "선생님, 제발 부탁이니 이대로 입원하게 해주세요."하고 두 손 모아 빈다고 한다. 가사를 담당하는 것이 여자의 역할이기에 가사를 하지 못하는 여자가 집에서 있을 곳은 없다. 하물며 자택요양이라니, 누구도 간병해주지 않을 가능성이 높다. 이것이 그녀들이 입원을 희망하는 이유다.

사회학자로 장애학 전문가인 다테이와 씨는 ALS(근위축성 측색경화증) 환자의 자기결정에 관해 다음과 같이 쓰고 있다. 제3장에서 잠시 언급했었는데, ALS는 전신의 근육이 굳어가는 병으로 아직 치료법이 개발되지 않은 난치병이다. 이 병에 걸린 환자는 머지않아 호흡곤란을 겪게 되는데 그 때 인공호흡기를 달아 생명을 연장할 것인가 말 것인가를 선택해야만 한다. '연명(延命)'을 선택하면 기관절개를 하기 때문에 목소리를 잃는 것뿐만 아니라 24시간 인공호흡기를 달고 생활해야 하기 때문에 상시 돌봄이 필요하게 된다. 다치이와 씨의 보고에 따르면 이 '자기결정'을 하는 데에 남녀의 차이가 있다고 한다. 즉, 호흡기를 다는 것은 압도적으로 남성 환자가 많다는 것이다.

생명을 연장할 수단이나 생활 보조기구 중에서도 특히 인공호흡기는 그 사용 여부에 관하여 '자기결정'을 강요받는데, 다치이와 씨는 이것도 이상한 일이라고 말한다. 그도 그럴 것이 근시나 원시인 사람에게 일일이 "안경 쓰실래요?"하고 자기결정을 요구하는 사람은 없다. 인공호흡기의 경우에는 선택이 강요되는데, 이것은 호흡기를 다는 것이 "당신에게는 24시간 당신을 돌봐줄 사람이 있습니까?"하는 질문과 언제나 한 세트가 되기 때문이다.

남자에게는 부여된 선택의 범위가 여자의 경우에는 크게 줄어든다. 그것이 인공호흡기를 달아 생명을 연장하고 있는 ALS환자의 남녀차이로 이어지는 것이라고 한다. 만약 그렇다면 '남을 돌보는 성(性)'으로 태어났다는 사실은 생명과도 연결되는 것이 된다.

여자뿐만이 아니다. 남자 쪽도 '간호 받는 것'에 대해 한심하다거나 비참한 기분을 느끼고 있는 것이 아닐까. 남자다움이란 타인에게 기대지 않는 것이고 자립이란 타인의 짐이 되지 않는 것이라 줄곧 생각해왔기 때문에 그렇다며 사회학자인 후쿠다 씨로부터 문제제기를 받은 적이 있다.

　모든 부정(否定) 가운데서 가장 골치 아픈 것이 자기부정(自己否定)이다. 자립의 가치에 집착하고 있는 남성일수록 '간호 받는 것'을 받아들이기 힘들어 할 것이라는 이 설명을 듣고 흐음~ 그럴 수도 있겠군, 하고 일순 생각했으나 가만, 기다려봐, 하고 다시 생각을 했다. 경험적인 데이터는 그렇게 말하고 있지 않았다.

　일본의 남자는 아내의 시중을 받으며 신변에 들어가는 수고를 덜고 있으며 수동적으로 보살핌 받는 것에 완전히 익숙해져 있다. 그 점에서 사회적으로는 어른일지라도 마음과 몸은 갓난아기 상태다. 새삼스레 돌봄 받는 것에 대해 자책감을 느끼리라고는 생각하기 힘들다. 그들이 더 한심하다고 생각하는 것은 가정 내의 권력이 손상 받는 경우이며 그것은 사회적인 지위와 강한 관계가 있다.

　그것도 직장이 있을 때 이야기고 정년이 되어 일을 잃고 나게 되면 달라지겠지, 하고 생각하기 쉽지만 그렇지도 않은 것 같다. 사회학자인 카스가 씨로부터 반신불수로 누워 지내게 된 할아버지가 자신을 돌보고 있는 할머니에게 몽둥이를 휘두른다는 얘기를 들은 적이 있다. 그 때 할아버지가 내뱉는 대사가, "누구 연금으로 먹고 살고 있다고 생각해!"란다. 아~, 남자라는 병은 죽을 때까지 낫지 않는다.

돌봄을 받는
노하우와 기술

또 한 가지 도움을 받는 쪽에서 문제인 것은, 타인의 돌봄을 받는 것에 익숙하지 않은 여성은 "고마워라", "아까워라"를 연발, 이내 감사 모드가 되기 십상이라는 것이다.

"우에노 씨, 이건 어때요?"

"네, 네, 좋아요. 고맙습니다."

"이쪽 것은 어때요?"

"네, 네, 그것도 좋네요. 항상 미안해요. 고맙습니다."

가 되기 쉽다. 이래서는 무엇이 진짜로 마음에 드는 것인지 상대에게 전달되지 않는다.

돌봄을 받는 데 있어 많은 경험이 있는 야나기사와 씨는 "누군가에게서 돌봄을 받을 때는 돌봐주는 사람의 기준에 내가 맞춰주는 것이 좋다."고 말한다. 프로 도우미는 그녀의 기준에 맞춰주려

배려를 해오지만 결국 도우미의 기준에 이쪽이 맞춰주는 편이 더 부드럽게 일이 풀린다는 것을 그녀는 경험으로 알고 있었다.

우리에게 필요한 것은 돌봄을 받아들이는 매너와 노하우다. 요즘의 젊은 세대라면 마사지다 에스테다 해서 이미 타인으로부터 기분 좋은 서비스를 받는데 익숙할지도 모르겠다. 그러나 에스테는 받지 않아도 상관없지만 돌봄 없이는 살 수가 없다. 자신의 생명과 육체를 맡기는 일에 노하우가 없다는 것은 이상한 일이다.

게다가 무엇보다도 돌봄은 받는 쪽이 약자의 입장이다. 돈을 지불하고 도우미를 고용한다는 면에서는 강자로 보일지도 모르나 결국 도움이 필요한 것은 이쪽이라는 것을 생각하면 역시 약자의 입장인 것이다. 게다가 돈과 서비스의 질이 항상 일치하는 것은 아니라는 것을 몇 번이나 반복해서 이야기했다. 상황이 이러니 스스로 기분 좋은 돌봄을 받기 위해서는 그만큼의 노하우와 기술이 필요하다.

신용할 수 없는 고객만족도

돈을 내면 누구나 '손님은 왕'이 되지만 지금까지의 연구를 통해 밝혀진 바에 따르면 돌봄 시장에 있어서는 '고객만족도'가 거의 믿을 수 없는 것으로 나타났다.

그 첫 번째 이유는 받는 쪽이 이른바 초보자로서, 무엇이 좋은 서비스인지 판단할 기준을 가지고 있지 못하기 때문이다.

두 번째 이유는 비교할만한 대상을 가지고 있지 못하다는 것이다. 무엇이 베스트인지는 알 수 없더라도 최소한 두 개 이상의 선택이 있다면 서로 비교하여 어느 쪽이 더 나은지 판단할 수가 있겠지만 직접 받아보기 전까지는 알 수 없기에 이 역시 쉽지 않다. 또한 불평을 늘어놓았다가 현재 도움을 주고 있는 도우미가 떠나버릴지도 모른다고 생각하면 강하게 나설 수도 없게 된다.

세 번째 이유는 싫은 일이 있어도 그것을 상대에게 전달하지 못하기 때문이다. 특히 자신의 육체를 돌봐주는 상대에게 부정적인 메시지를 전달하는 것은 어려운 일이다. 특히 여자는 상대를 불쾌하게 하는 말을 입에 담지 않도록 스스로를 억제하며 살아왔다. 세상 무슨 일이든지 훈련과 경험이다. 싫은 것을 싫다고 말하지 않고 있다보면 이내 싫다고 말할 수 없게 되어 버린다.

성희롱 같은 것이 그 훌륭한 예이다. 싫다고 말할 수 없는 상대의 허점을 이용하여 상급자가 권력을 남용하는 것이 바로 성희롱이라는 사실을 요즘에는 누구나 다 알고 있다.

페미니즘 문학비평가인 캐롤린 하일번(Carolyn G. Heilburn)은 이렇게 말하고 있다.

"분노는 여성에게 있어 가장 억압되어온 감정이다."

분노를 계속 억압하면 어느 순간 폭발할 것이라고? 그런 경우도 드물게 있기는 하지만 지속적으로 억압된 감정은 이윽고 억압에 익숙해져버리게 된다는 것이 심리학 연구를 통해 알려져 있다. 감정에도 표현의 노하우가 있으며 습관적으로 표현되지 않은 감정은 표현의 방법을 잊어버리게 된다.

돈을 지불하면 누구나 고객이 될 수 있다. 서비스 상품도 하나의 훌륭한 상품이기 때문에 상품의 품질을 향상시키기 위해서는 고객으로부터의 크레임이 필요하다. 요리사의 실력도 입이 까다로운 손님에 의해 길러지는 것이라고 하지 않는가. 미식가로 알려진 작가, 다니자키 준이치로 씨는 요리가 맛없으면 아무 말도 하지 않고 그

대로 나가 두 번 다시 그 가게를 찾지 않았다고 한다. 요리사에게 있어 가장 무서운 손님일지도 모르겠다. 이런 일이 가능한 것은, 이곳이 마음에 안 들면 저곳으로 가면 된다, 라고 하는 선택지가 있기 때문이다. 좋은 상품은 현명한 소비자가 키우는 것이라는 진리가 돌봄이라고 하는 서비스 상품에도 적용되는 것이다.

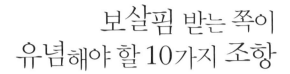

보살핌 받는 쪽이
유념해야 할 10가지 조항

내가 노후에 관한 연구를 하고 있는 것은 나 자신이 언젠가 '현명한 소비자'가 되길 원하기 때문이다. 그리고 현명한 소비자가 아니면 자신이 원하는 서비스를 받을 수 없다는 사실을 알고 있기 때문이다.

지금까지의 연구 성과에 기초하여 '좋은 서비스를 받는 방법' 다시 말해, '돌봄 받는 쪽이 지켜야할 수칙 10 가지'를 소개해보겠다.

돌봄 받는 쪽의 수칙 10가지

① 자신의 몸과 마음의 감각에 충실하고 또한 민감해 질 것.

② 자신이 할 수 있는 것과 할 수 없는 것의 경계를 확실히 구분할 것.

③ 불필요하게 참거나 사양하지 않을 것.

④ 무엇이 기분 좋고 무엇이 기분 나쁜가를 말로 분명하게 전달할 것.

⑤ 상대가 받아들이기 쉬운 말투로 이야기할 것.

⑥ 기쁨을 표현하고, 상대를 칭찬할 것.

⑦ 버릇없는 말투나 아이 취급당하는 것을 거부할 것.

⑧ 돌봐주는 상대에게 과잉한 기대나 의존을 하지 않을 것.

⑨ 보수는 규정 요금을 지불하며 팁이나 선물을 주지 않을 것.

⑩ 유머와 감사를 잊지 않을 것.

① 자신의 몸과 마음의 감각에 충실하고 또한 민감해 질 것.

자기를 알지 못하면 자기표현 같은 것은 결코 할 수 없다. 더구나 타인에게 보살핌을 받는 것은 처음일 것이다. 장애나 마비나 고통을 수반하는 자신의 신체감각과 조심스럽게 막 대화하기 시작한 상태인 것이다.

우선 나 자신을 알자. 이것이 돌봄을 받을 때의 수칙 제1조다.

② 자신이 할 수 있는 것과 할 수 없는 것의 경계를 확실히 구분할 것.

이런 일을 처음 경험하는 사람은 자신의 상태를 좀처럼 받아들이지 못한다. 어제까지 할 수 있었던 것을 오늘부터는 할 수 없게 되었다는 사실을 인정하기가 매우 힘이 든다. 그런 탓에 할 수 없는 것들도 할 수 있다고 하여 결국 무리를 하게 된다. 무리해봤자 자기만 힘들어질 뿐이다. 나아가 돌봐주는 사람과의 관계도 악화시키게 된다. 할 수 없는 것은 할 수 없다고 말하자.

이렇게 하기 위해서는 '용기'가 필요하다. 특히 오랜 세월 동안 '남보다 능력 있음'을 자랑스럽게 여겨온 사람은 무척 힘들 것이다. 반대로 오랜 세월 동안 '할 수 있는 것을 할 수 없는 것처럼' 행동해온 사람에게도 그 대가가 반드시 따라오게 된다.

자주 회자되는 것인데, 돌봄을 받는 사람으로서 중요한 것은 '잃어버린 능력을 보완하여 남은 능력을 활용하는' 것이다. 능력 없는 것처럼 행동하여 남겨진 능력마저 없애버린다면 힘들어지는 것은 자기 자신일 뿐이다.

③ 불필요하게 참거나 사양하지 않을 것.

받는 것에 익숙하지 않은 사람은 사양이나 인내가 하나의 미덕이라고 생각한다. 참을성이 강한 사람은 고통에 대해서도 참을성이 강한데 그 탓에 병의 징조마저도 무시해버리고 말아 결국 중병이 되고나서 병원을 찾아 "지금까지 왜 참아왔죠?"하는 말을 듣게 되는 것이 보통이다. 뭐든지 조기발견·조기치료 하는 것이 자신은 물론 주위 사람들에게도 좋다. 참을성은 몸에도 마음에도 아무런 득이 되지 않는다.

또 한 가지 중요한 것은 쓸데없는 사양을 하지 않는 것이다. 돌보는 일을 직업으로 하고 있는 프로에게 있어 쓸데없는 사양이나 수치심은 그들을 가장 번거롭게 하는 것 중 하나가 된다. 병에 걸리면 알몸을 의사에게 보일 수도 있고 하반신을 간호사가 씻겨줄 수도 있다.

그것을 "웬일이니~", "싫어~"하며 환자가 일일이 몸을 비비꼬고 있으면 모두가 불편해진다. 상대는 프로, 나는 도움이 필요한 상태, 이렇게 분명하게 선을 긋고 쓸데없는 걱정을 하지 않으며 받아들이도록 하자.

사양이나 수치심은 인간관계에 의한다. 가족에게는 하반신을 보이고 싶지 않지만 타인에게는 괜찮다던가, 혹은 그 반대라던가, 딸은 괜찮지만 며느리는 싫다거나, 아들에게는 절대 보이고 싶지 않다거나 여러 가지가 있지만, 타인에게 기대는 것 이외에 다른 선택을 할 수 없다면 기분 좋게 받아들이도록 하자. 에스테나 한국식 때밀이 등을 통해 전신을 맡기는 것의 즐거움을 맛본 사람이라면 이 정도쯤은 간단할 것이다. 여왕님은 알몸을 시중들에게 내맡긴다고 해서 수치심을 느끼거나 하지 않는다.

④ 무엇이 기분 좋고 무엇이 기분 나쁜가를 말로 분명하게 전달할 것.

타인의 고통은 타인의 고통, 타인의 쾌락은 타인의 쾌락. 어차피 타인의 몸은 타인의 것. 어디가 어떻게 아픈지 가려운지는 '말해주지 않는 이상' 다른 사람이 알 수가 없다.

아픔이나 쾌감의 포인트는 사람마다 천차만별이다. 매뉴얼대로 실행한 뒤 "기분 좋았지?"하고 물어봐도 대답하기 곤란한 것은 섹스와 마찬가지다. 자신의 몸을 자신이 아는 것이 가장 중요하고 그것을 상대에게 전달하는 것이 그 다음으로 중요하다. 돌봄이란 혼자서 완성하는 행위가 아니기 때문이다.

게다가 상대에게 분명하게 전달하지 않으면 상대의 기술도 향상되지 않는다. "말하지 않아도 알잖아."하는 이심전심은 부부나 가족 사이에서도 금물이다. 부부는 타인, 가족은 이문화의 집합이라는 사실을 깨닫는다면 '말하지 않으면 통하지 않는다'는 사실이 가족 내에서도 여전히 유효하며 또한 그 역으로 '말하면 안다'도 성립하게 됨을 알 수 있을 것이다.

문제가 되는 것은 '말해도 들어주지 않는', '말하고 있는데도 전달되지 않는' 경우인데 이것은 커뮤니케이션 방법의 문제이다. 이럴 때는 주저하지 말고 상대를 바꾸자. 부부나 자식관계일 때도 마찬가지다. 또한 상대와 좋은 관계를 맺으려 한다면 기분 나쁜 말뿐만 아니라 기분 좋은 말도 전달하는 것이 중요하다. 부정적 메시지 투성이라면 관계는 점점 악화될 뿐이다.

⑤ 상대가 받아들이기 쉬운 말투로 이야기할 것.

안 좋은 일을 상대에게 전달하기 위해서는 기술이 필요하다. "나만 입 다물고 있으면 조용히 지나갈 거야."하는 이유로 불만을 표현하지 않는 여성이 많은데 싫은 것은 싫다고 분명하게 전달하면서 상대가 받아들이기 쉬운 말투로 표현하는 것이 좋다.

나도 옛날부터 남들보다 말이 한 마디 더 많은 성격이었기 때문에 내 한마디 말로 그 자리의 분위기가 얼어붙거나 상대가 굳어지거나 도리어 상대가 내게 화를 내오거나 하는 뼈아픈 경험을 많이 했다. 학자로서 상대의 급소를 찾아 공격하는 싸움꾼의 필살기를 익혀왔는데 막상 돌봄을 받는 데 있어서는 아무런 도움이 되지 않는다.

돌봄 커뮤니케이션의 목적은 무엇보다도 상대를 내 편으로 만들어 기분 좋게 자신의 의향을 받아들이게끔 하는 데 있다. 그 목적을 달성하지 못하고 상대에게 그저 불평불만이나 주문을 늘어놓는다면 자신의 주름살만 더 늘어날 뿐이다.

자신의 결점이나 한계는 일부러 지적받지 않아도 사실 자기 자신이 이미 조금씩 깨닫고 있는 경우가 많다. 옳은 말이라도 어떻게 말하느냐에 따라 귀에 거슬리는 말이 되기도 한다. '말하는 방법에 신경 써야' 하는 것은 돌봐주는 사람이 가족인 경우에도 마찬가지다.

⑥ 기쁨을 표현하고, 상대를 칭찬할 것.

아내가 만든 요리를 맛있을 때는 아무 말 없이 먹고 맛없을 때에는 반드시 불평을 하는 남편들이 있다. 억지로 하란 말은 하지 않겠지만 칭찬의 말을 한다고 해서 특별히 손해 보는 것이 있는 것도 아니라면 칭찬의 말을 아낄 필요도 없다.

이런 마음으로 다른 사람을 바라보면 누구에게나 하나나 둘은 꼭 장점이 있게 마련이다. 나는 친구들이 식사에 초대해주는 경우가 많은데 음식을 맛있게 먹어주는 것과 맛있을 때는 맛있다고 환호성에 가까운 소리를 내기 때문이라고 한다. 뉴욕에서 지내던 시절 나오미라는 친구의 집에 자주 식사를 하러 가곤 했었는데, "치즈코 씨가 돌아가고 나서 식사할 때 "맛있네요!"하고 외쳐주는 사람이 없어 쓸쓸해졌어."하는 말을 내게 해주었다. 말 한마디로 식사에 초대받을 수 있다면 얼마나 값싼 거래인가. 얼마든지 맛있다고 외쳐줄 준비가 되어있다.

희로애락은 사회적인 감정이다. 표현에는 사회적인 노하우가 존재하며 그것은 표현하지 않으면 잊게 된다. 칭찬이나 감사하기 위해서는 말이 필요하지만 감정표현에는 말이 필요 없다. 치매가 심해져 돌봐주는 사람에게 "고마워"라고 말할 수 없게 된 노인도 기쁨이나 슬픔의 감정은 느낄 수 있다. 설령 감사의 말은 전해 듣지 못하더라도 기뻐하는 모습은 눈으로 보고 알 수 있다. 그것이 돌보는 것을 일로 하고 있는 사람들에게는 가장 큰 힘이 된다. 아쿠타가와 상(일본의 가장 권위있는 문학 상 중 하나)을 수상한 작가, 노리오 씨는 이렇게 쓰고 있다. 누워있는 할머니를 보고 아무리 친척들이 안 좋은 말을 해도 할머니가 나에게만 보여주는 기쁨 가득한 웃음, 그것이 나의 가장 큰 보수다, 라고.

⑦ 버릇없는 말투나 아이 취급당하는 것을 거부할 것.

간병시설에서 종종 문제가 되는 것 중에 시설직원이 입주자를 "할머니"라고 부르거나 "아~ 하세요. 옳지. 옳지."하며 어린 아이에게 사용하는 말투로 이야기를 하는 등의 문제가 있다. 고령자는 어린애가 아니다. 세월의 굴곡을 거치며 단맛 쓴맛 모두 경험한 인생의 선배, 백전노장이다. 그 사람의 인격을 존중하여, "우에노 씨, 어떠세요?"하고 올바른 호칭과 존댓말을 사용해주었으면 한다. 그리고 만약 직원이 이렇게 하지 않는다면 올바른 언어사용을 하도록 요구하자. 제대로 된 사업자와 시설이라면 직원들에게 그렇게 하도록 교육시키고 있을 것이다. 그렇지 않다면 그 사업자와 시설에 문제가 있다고 판단해도 좋다.

"손님"이라던가 "우에노 님"하는 식으로 낯간지러운 경어까지는 할 필요 없지만 정중한 언어사용을 흐트러뜨리지 않는 편이 서로를 위해서도 좋다. 존댓말은 나와 상대 사이에 거리를 두는 기법이다. 존댓말을 계속 사용하는 한 "나는 당신과의 거리를 좁힐 생각이 없습니다."라는 메시지가 전달된다. 이것을 사회학 용어로 '의례적 거리화'라고 한다.

이렇게 의례적인 거리화가 필요한 이유는 개호가 상대와의 접촉을 수반하며 신체 중 가장 상처받기 쉬운 곳까지 내보여야하는 관계이기 때문이다. 거리가 없는 관계의 다른 한편에서 거리를 만들어두어 균형을 맞추는 것이다.

⑧ 돌봐주는 상대에게 과잉한 기대나 의존을 하지 않을 것.

친해지면 응석을 부리고 싶어진다. 직업적 관계 이상으로 상대의 영역에 발을 들여 놓고 싶은 충동이 생긴다. 가나가와현의 고령자시설에서 봉사활동을 하고 있는 한 여성으로부터 이야기를 들을 기회가 있었다. 그녀의 말에 따르면 집으로 초대를 하는 경우도 있고 병문안 와주기를 바라는 사람이 있지만 그러한 요구에는 일절 응하지 않고 있다고 한다. 냉정하다고 생각될 수도 있으나 응해주기 시작하면 현재의 봉사활동이 지속되지 못 할 것이라는 사실을 잘 알고 있기 때문이다.

개중에는 시설직원이 입주자의 '가족'이나 '친구'와 같은 역할을 하도록 적극적으로 장려하는 곳도 있다. 그리고 이러한 '공사혼동'적인 것을 '가족적'이라던가 '친밀함'이라며 바람직하게 생각하는 경향이 있다.

돌봄에는 어디까지 하면 충분한 것인지 정확한 경계가 없다. 즉, '무한정성'이라는 성격이 있다. 가족이라면 짊어지고 갈 수도 있는 이 '무한정성'에 시간과 내용 면에서 제한을 두고 있는 것이 '직업'으로서의 돌봄인 것이다. 그것을 양쪽 모두가 분명하게 인식하고 있을 필요가 있다.

받는 쪽이 스스로 이러한 브레이크 장치를 작동시키는 것은 어렵다. 이는 고령자의 인간관계가 매우 한정적이라는 데서 이유를 찾을 수 있다. "도우미가 얘기를 더 들어주었으면 좋겠다"는 말을 종종 듣는데, 도우미 이외에 이야기를 들어줄 상대가 없기 때문에 요구가 전부 도우미 쪽으로 향하게 되는 것이다.

⑨ 보수는 규정 요금을 지불하며 팁이나 선물을 주지 않을 것.

대인 서비스를 이용할 때, 요금이외의 팁이나 사례를 어떻게 할 것인가의 문제는 골칫거리 중 하나다. 특히 생명이나 건강이 걸려 있을 때는 더욱 무시할 수 없게 된다.

수술을 앞두고 있는 의사에게 얼마나 준비해가면 좋을까로 환자와 그 가족은 항상 고민하며 또한 의사가 그것을 받아줄지 어떨지도 해보지 않으면 알 수가 없다. 의사들의 세계에는 세무서에 신고하지 않는 어둠의 소득이 있다. 정치가에게 흘러들어가는 어둠의 자금과 마찬가지로 건네주면서 영수증을 요구하는 사람은 아무도 없다. 아무리 병원 복도에 "환자로부터의 금품은 일절 받지 않습니다."라고 써 붙어 있어도, 그리고 의사가 아무리 "얼마를 받는가에 따라 치료의 질이 달라지는 일은 없습니다."라고 말해도 약자의 입장에 놓인 환자는 혹시나 하는 마음을 쉽게 접지 못하기 마련이다.

해외여행 때도 항상 머리를 아프게 하는 것이 팁 문제다. 팁 문화가 없는 나라의 사람들은 얼마를 주면 좋을지로 한참을 망설이게 된다. 너무 많지는 않은지, 너무 적지는 않은지, 팁을 적게 주면 서비스 질이 낮아지지는 않을까, 식사하는 내내 이런 고민을 계속하는 경우도 있다. 차라리 '서비스요금'이 포함되어 있는 경우가 마음 편하다.

하물며 본인의 신체와 직접적으로 관계하는 일이니 만큼 더욱 신경이 쓰인다. 이 사람으로부터 좋은 서비스를 받고자 하는 마음에 금품으로 상대의 환심을 사고 싶어지는 마음을 이해 못할 바도 아니다.

우리 스스로 "감사는 말과 태도로 나타낸다.", "요금은 철저하게 지불하지만 여분의 금품은 주지 않는다."는 룰을 지키는 것이 중요하다. 실제로 일하고 있는 직원들의 이야기를 들으면 물질적인 것을 받는 것보다 더 기쁜 것이 이용자의 웃는 얼굴과 감사의 말이라고 한다. 보람은 돈이나 물질로 살 수 없다는 사실을 잊지 말자.

⑩ 유머와 감사를 잊지 않을 것.

마지막으로 이것. 대부분 '감사를 잊지 않는다'를 맨 처음으로 이야기하는지도 모르겠다. 그러나 나의 10개 조항에서는 맨 마지막이다. 이것은 앞의 9개 조항을 모두 실천할 때 비로소 마지막으로 '감사'할 수 있기 때문이다. 맨 처음에 '감사한다'가 와서는 서비스의 품질향상을 기대할 수 없다.

도움을 받는다는 것은 받는쪽도 어렵고 고통스러운 것이다. 이 사실을 솔직하게 인정하자. 예전의 건강했던 삶을 기억하고 있기 때문에 누가 뭐라고 위로를 해도 현재 자신이 처한 상황이 고통스럽게 느껴진다. 몸뿐 아니라 마음마저 돌봄이 필요한 경우라면 돌보는 쪽에서도 더 힘이 든다.

이런 때 일 수록 한 발짝 떨어져서 제3자의 시선으로 관찰하는 것이 중요하다. "오호~, 다리가 마비되면 이렇게 무거워지는구나." 혹은 "이게 내 손이라니……."하는 식으로. 유머는 스스로를 현실로부터 분리시키는 일종의 어긋남, 해학 정신으로부터 나온다. 이것이 가능하다면 모두 함께 웃을 수 있게 된다. 그리고 그런 자신을 누군가가 돕고 있다는 사실에 저절로 감사하는 마음이 생겨날 것이다.

이렇게 적고 보니 이 10개 조항은 모든 커뮤니케이션의 기본이라고도 할 수 있겠다. 나는 돌봄 역시 상호행위이므로 하나의 커뮤니케이션이라고 줄곧 주장해 왔다. 그리고 커뮤니케이션에서 일방적인 당사자란 존재하지 않으므로 양쪽 모두 '노하우'를 알아야 할 것이다.

Saving

6

W o m e n ' s

어떤식으로 **'마칠'** 것인가

F u t u r e

누구에게 무엇을
남길 것인가

　그럼, 마지막으로 죽는 법과 죽은 뒤의 일에 대해 생각해보자. 먼저 유산에 관해 이야기해보자. 몇 십 년 동안 일을 해온 사람이라면 대부호까진 아니더라도 어느 정도 남길만한 재산은 있게 마련이다.

　우선 자기 명의로 된 부동산이 있다. 이것을 현금화하지 않았다면 자기가 살고 있던 집이 남는다. 거기에 저축이나 보험, 주식 등의 금융자산이 어느 정도는 남게 된다.

　입 다물고 죽어버리면 유산은 법정상속인에게 간다. 이 우선순위는 법률로 정해져 있다. 자식이 있으면 자식이 받는다. 자식이 없는 경우 부모가 살아있다면 부모가 받게 되지만 부모가 살아있을 가능성이 낮으므로 형제자매들이 다음 순위가 된다. 그리고 형제가 모두 사망한 경우 조카들에게로 간다.

고령일수록 친척의 숫자도 줄어들 것이므로 촌수에 따라 점점 먼 친족으로 상속권이 이양된다. 영국 소설에 보면 만나본 적도 없는 먼 친척 부자 아주머니가 사망해 막대한 유산이 젊은이에게 굴러들어오는 이야기가 나오곤 하는데 나도 젊었을 때는 누구 내 친척 중에 이런 사람 없나 하고 바랐던 적이 있다.

근래에는 낮은 출산율 탓에 친족의 숫자 자체가 줄어들었다. 요시다 씨가 쓴 『유품정리업자는 보았다!(遺品整理屋は見た!)』(扶桑社, 2006년)를 읽어보면 유품 정리를 의뢰하는 사람 가운데는 고인과 생전에 한 번도 만난 적이 없는 조카나 조카의 자식이 촌수를 따져 내려가 상속인이 되는 경우가 일본에도 있다고 한다. 고독사하는 사람은 원래 친척과의 연이 짧은 사람이므로 이런 일도 있을 수 있을 것이다. 하지만 어느 날 갑자기 당신이 상속인입니다, 하는 말을 들었는데 상속받을 것이 고인이 죽을 때까지 살던 공단주택 한 구석 지저분한 방이라면 할 말이 없다. 요시다 씨 같은 업자에게 "현장에 들어가고 싶지 않으니까 알아서 처리해주세요."라고 말하는 것도 무리가 아니다.

나는 싱글이다. 부모님은 이미 돌아가셨다. 아무 말 않고 있으면 내 유산(살고 있는 집과 얼마간의 금융자산)은 형제와 조카들에게 갈 것이다. 그런데 모두들 독립하여 스스로의 삶을 꾸려나가는데 아무런 문제도 없는 정도이니 꼭 형제들에게 남기지 않아도 될 것 같다. 애정이 없는 것은 아니지만 나에게는 일 년에 한두 번 만날까 하는 형제들보다 더 친하고 소중한 친구들이 있다. 가능하면 혈연도 좋지만 인생의 여정에서 만나 친족보다 소중한 존재가 된 이 사람들에게 유산을 남기고 싶다.

이렇게 생각하고 있는 사람이 나 혼자만은 아닐 것이다. 싱글이 아니더라도 레즈비언이나 게이 커플로 자식이 없는 사람들. 그리고 자식이 있지만 소원하게 지내거나 자식에 대해 모든 책임을 다 했다고 생각하는 사람들도 이런 생각을 가지고 있을 것이다.

유언을 쓰자

그렇기 때문에 유언이 중요하다. 얼마 전 자기사(自己史)쓰기 붐에 이어 최근에는 유언장쓰기 붐이 일어나고 있다. 자신이 원하는 대로 살아온 사람들이 자기가 죽은 뒤의 일처리도 자기 의지대로 하고 싶어 하는 것은 매우 당연한 일이다.

유언을 쓰고는 싶지만 쓰는 법을 모르는 사람들을 위해 『유언노트(遺言ノート)』라는 책이 나와 있을 정도다.

최근 『여자의 유언(女の遺言)』이라는 책이 나왔다. 이 책의 표지에는 "여자의 유언은 혼자인 나를 응원해주는 삶의 선언입니다."라고 쓰여 있다. 혼자 살고 있는 여성들을 위한 유언 가이드북이라 할 수 있다.

이 책에는 '유산을 남기고 싶은 사람들'이라는 부분도 있지만 반대로 '절대로 남기고 싶지 않은 사람들'이라는 부분도 있어서 다시 한 번 눈이 가게 된다. 가령 가족이나 친척일지라도 같은 납 골당 안에 들어가고 싶지 않은 사람이 있을 수도 있다는 것이다. 친족이라고 해서 모두 관계가 좋았던 것은 아니며 또 잘 해주고 싶지 않은 사정을 가진 사람들이 있다는 얘기다.

당연한 이야기지만 유언장은 살아있는 동안에 쓰는 것이다. 살아있는 한 인간관계는 끊임없이 변화하며 인간관계가 변하면 생각도 달라진다. 그래서 유언에는 날짜기입이 필요하며 날짜가 최근인 것이 오래된 것보다 유효하다는 원칙이 있다. 유언이란 실제로 죽을 때까지 몇 번이고 다시 쓰는 것이 당연하다.

나는 40대 초반에 처음으로 유언장을 써보았다. 계기는 외국체류. 독일에서 1년 동안 지냈을 때, 갈아타는 것을 포함하여 총 53회 비행기를 탔다. 비행기사고란 단순하게 확률의 문제다. 장시간 타고 있으면 추락할 확률도 높아진다. 언제 무슨 일이 일어나도 전혀 이상하지 않기 때문에 자식이 없는 나로서는 유언을 미리 써놓는 것이 좋을 거라 생각했다. 그 후로 몇 번인가 인간관계가(그리고 남자가) 변할 때마다 다른 버전으로 새로 써왔다.

집에 관한 내용을 예로 들자면, 현재 내가 살고 있는 집은 도쿄도내에 있는 방 4개짜리 집으로 혼자서 살기에는 넓은 곳이다. 요즈음의 주택사정이 얼마나 나쁜지 잘 알고 있고 있기 때문에 이곳은 일본에 체류하는 외국인 연구자가 단기간으로 가족과 함께 지내도록 하거나 아시아에서 온 가난한 유학생이 공동주택으로 사용해주었으면 하고 바라고 있다.

그리고 얼마간의 금융자산은 기간에 제한을 두어 아시아에서 온 여자 유학생들에게 장학금으로 주고 싶다. 제로 금리시대 일본에서 자금을 운용하여 이자 수입을 얻는 것은 당치도 않은 말이며 또 그럴 만큼 큰돈도 아니다. 유언 집행을 부탁할 사람이 안게 될 부담도 생각해서 모든 돈을 몇 년 안에 전부 써버리도록 뒤탈 없는 방법을 택하고 싶다. 물론 관리하는 데 들어가는 인건비까지 포함해서다.

죽기 전에 남는 돈을
쓴 여러 가지 사례

병에 걸려 남은 인생을 보장할 수 없다는 선고를 받은 미즈에 씨는 일과 함께 살아온 커리어 우먼이다. 자신이 살아있는 동안 돈을 쓰고 싶다며 4,000만 엔(4억 원)의 예금을 한 NPO단체에 기부했다. 젊은 인재의 육성을 위해 써주었으면 한단다. 이 자금의 운영 노하우는 축적되어 다음 사람들에게 참고가 될 것이다.

역사학자 와키타 하루코 씨는 자신이 받는 연금의 일부를 내어 여성사학상(女性史學賞)을 제정했다. 남편과 자식, 그리고 교토에 훌륭한 자택을 가지고 있는 와키타 씨는 생활면에서 걱정이 없는 사람이다. 그녀는 이렇게 함으로써 스스로 심사위원을 지명하고 자신이 표창한 젊은 역사학자들이 자라나는 모습을 자신이 살아있는 동안 눈으로 직접 확인할 수 있었다. 과연, 이런 방법도 있었구나, 하고 감탄을 금치 못했다.

연금이라면 그녀가 살아있는 동안에는 틀림없이 계속 지급된다. 수익률 변동으로 사업의 안정성이 좌우되는 재단과는 달리 이 경우 재정기반이 오랫동안 안정될 수 있다. 본인이 곧 원금이기 때문에 살아있는 동안에 원금이 사라질 일은 없다. 또한 이 상이 지속될 수 있도록 본인이 오래 살아주길 바라는 주위 사람들의 바람도 한결같이 유지될 것이다. 전직 교사들의 경우 치매 발병률이 다른 직업군에 비해 높다는 이야기를 듣고 나도 그렇게 되지 않을까 하고 생각한 적이 있는데 이 이야기를 듣고 나서는 만약 와키타 씨가 치매에 걸린다면 어떻게 될까……하고 멋대로 상상하고 웃고는 한다. 와키타 씨에게는 실례일지도 모르나, 조금 정신을 놓은 와키타 씨가 휠체어에 탄 채 웃으면서 젊은 여성사학자의 수상식에 출석하는 모습이 머릿속에 그려진다. 약간 상기된 얼굴로 와키타 씨를 향해 "감사합니다." 인사하는 수상자를 마주하며 "호호, 내가 당신에게 뭔가 해줬나요?"하고 동문서답하는 모습을 상상하면 웃음이 멈추지 않는다.

와키타 씨 슬하에는 3명의 자식이 있는데 모두 아들이다. 요즘은 자식이 있더라도 자식에게 자기 학문의 후계자가 되길 바라는 시대가 아니다. 나는 자식이 없지만 교사 가업을 오랫동안 하면서 교육이라고 하는 '미래를 향한 투자'의 값어치를 잘 알고 있다. 피가 다른 남의 자식들을 키우는 것은 교사의 즐거움 중 하나다. 의욕과 능력을 가지고 있으면서도 경제적으로 힘들어하고 있는 많은 여성, 특히 그 중에서도 아시아권에서 온 유학생들을 보고 있으면 응원해주고 싶은 마음이 절로 생겨난다.

사실 나 자신도 비슷한 응원을 받은 경험이 있기 때문이다. 나는 30대가 되고 나서 니토베 이나조의 이름을 딴 니토베 펠로우십이라는 장학금을 받아 미국에 2년 동안 유학을 했다. 이 2년간은 나의 인생을 크게 변화시켰다.

내가 20대였을 때는 1 달러에 360 엔이라는 고정환율제가 유지되던 시기로 외화반출 상한선이 500 달러였던 시대였다. 당시 해외로 나가는 젊은이들은 하숙집을 모두 정리한 다음 편도 티켓을 손에 쥐고 비행기에 몸을 싣는 것이 일반적이었다. 요즘처럼 졸업여행으로 가볍게 해외에 나갈 수 있는 시대의 젊은이들에게는 상상하기 힘든 일일 것이다.

이것저것 추산해보면 2년 동안 나에게 지원된 금액은 약 1억 원을 넘는 것이었다. 미래를 알 수 없는 젊은 연구자에게 이 만큼의 투자를 하다보면 분명 기대와 어긋나는 결과를 가져오는 경우도 있을 수 있다. 그러나 이 장학금은 주로 이공계 학생을 대상으로 하는 장학금제도가 주류였던 가운데서도 특히 사회과학계 인재 100명을 해외로 유학시키는 것을 목표로 하는 것이었다(현재까지 170명을 해외로 보냈다). 현재 활약하고 있는 사회과학자 중에도 이 제도의 은혜를 입은 사람들이 많다. 나는 지금까지도 이 장학금에 응모할 것을 권유해준 학계 선배에게 깊이 감사하고 있다.

공들여 가르쳤던 한 대학원생이 박사학위를 취득하여 취직이 결정되었을 때, 그녀는 나에게 와 이렇게 이야기했다.

"지금까지 돌봐주신 것 감사드립니다. 이 은혜는 앞으로 만나게 될 학생들에게 갚도록 하겠습니다."

훌륭한 발언이다.

유언장을 쓴다면, 그리고 당신의 유지를 실행해줄 사람을 찾을 수 있다면, 이렇듯 사후에도 '산 돈'을 쓸 수 있는 것이다.

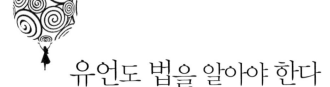

유언도 법을 알아야 한다

그런데 이 유언의 앞을 가로막는 것이 '친족유류분'이라고 하는 벽이다. 일본의 법률은 개인주의를 바탕으로 성립되어 있음에 틀림없을 텐데(예를 들어 일본은 부부공산제(夫婦共産制)나 가산(家産)을 인정하고 있지 않다), 어째서인지 유언에 관해서만큼은 그렇지 않다. 자신의 재산을 사후에 자신의 의지대로 처분해도 좋다는 것이 '유언'이 가지는 효력일 텐데 이러한 개인의 의사는 자기 재산에 대하여 절반의 영향력밖에 가지지 못한다.

유언장에 무슨 말이 써 있던 간에 그 효력은 절반밖에 미치지 못하며 나머지 절반은 법정상속인에게 가도록 만들어 둠으로써 법률은 친족의 권리를 보호하고 있는 것이다. 법정유류분은 부모가 상속인일 경우 3분의 1까지, 배우자나 자녀가 상속인일 경우 2분의 1까지 인정된다. 형제간에는 권리가 인정되지 않는다.

그럼 "전 재산을 친구 ○○○에게……."라는 유언을 만들어놓아도 소용이 없는 것일까. 그렇지 않다. 유류분은 그 권리가 있는 사람이 청구함으로써 비로소 효력을 가지게 되는 것이기 때문이다. 하지만 또 내가 죽은 뒤에 친족 모두가 유언에 불만을 제기하지 않고 유류분을 포기할 것이라고 보장할 수도 없다. 부모도 없고 자식도 없는 고령자 싱글은 유류분을 걱정하지 않아도 좋지만 만약 정말로 주고 싶지 않은 부모나 배우자나 자식이 있다면 가정재판소에 신청하여 이들을 상속인으로부터 제외시킬 수도 있다는 사실을 『여자의 유언(女の遺言)』에서 가르쳐주고 있다.

법률이 친족유류분을 보호하고 있는 이유는 배우자나 자녀의 생활보장을 고려하지 않고 자기 마음대로 유언을 남기는 '영감들'의 횡포로부터 여자와 아이들을 보호하는 것이 목적이라고 하는데 과연 정말로 그럴까?

"자기 것인데 권리가 절반밖에 미치지 않다니 당치도 않군. 내 마음대로 하겠다는데 뭐가 이상한 거지?"하고 내가 으르렁거리자 어떤 사람이 이렇게 말했다.

"예를 들어서 부자 노인이 죽을 때 마지막에 자기에게 친절하게 대해준 가정부가 고마워서 그 가정부에게 전 재산을 남기겠다고 유언했다면 그것도 이상하잖아."

뭐가 이상하다는 건가?

만년의 외로움을 달래준 것이 그 여성뿐이었다면 그런 상황을 초래한 가족 당사자들에게도 책임이 있다. 그런 위험성까지 포함하여 유언개인주의를 표방하고 있는 것이 아닌가, 하고 나 같은 사람은 생각하는데 이에 반대하는 사람도 아마 많이 있을 것이다.

여자에게 남자 수준의 소득이 있다면 혼인제도에는 거의 아무런 메리트도 남지 않게 된다. 현재의 법률제도는 이런저런 수를 써서 여자로 하여금 결혼하여 일하지 않는 쪽이 더 유리하게끔 장려하고 있는 상황이다. 그래서 나는 어찌되었든 간에 여자를 결혼으로 유도하는 제도나 법률은 없는 편이 낫다고 생각하고 있는데(취미나 신조에 따라 결혼을 하는 사람은 마음대로 해도 좋다. 하지만 그 경우에는 자신이 결혼했다고 해서 특별대우 같은 것을 법률에 기대해서는 안 된다), 반대로 생각하면 현재의 법률은 결혼이 특별히 우대되는 제도라고 할 수 있으므로 그것에 편승하는 방법도 있을 수 있다. 동성(同性)결혼을 인정하고 성별이나 친족관계를 불문한 파트너십을 인정하는 프랑스의 팍스(PACS)법이 그 예다. 하지만 친밀한 관계에 있는 사람이 오직 한 명이라고는 단정할 수 없으므로 어쨌든 커플만을 우선시 할 이유는 어디에도 없다고 본다.

친족유류분에 대해서도 이상하다고 화만 낼 것이 아니라 반대로 역이용하는 방법도 있을 수 있다. 법률적으로 친족이란 혈연이나 친밀함에 의해 결정되는 것이 아니라 법률에 의해서 결정되는 관계이다. 본인들이 서로 미워하던, 관계가 소원하던지 간에 법률은 그것에 상관하지 않는다. 바로 이것을 역이용하여 타인과 차례차례 법률 상의 가족을 만들어나가면 당당하게 권리를 행사할 수 있게 된다.

현재의 법률 하에서는 남편이나 아내를 한 명밖에 가질 수 없고 (웃음) 이성(異性)이 아니면 선택할 수 없지만 부모자식 관계는 간단하게 만들 수 있다. 일본의 양자제도는 원래 집안의 대를 잇는 것을 목적으로 하고 있어서 자식의 복지나 양육 등을 고려하고 있지 않다. 특히 성인들끼리 맺는 양자 인연은 결혼하지 않은 사람이라 할지라도 매우 간단하게 맺을 수 있다. 연소자가 연장자를 양자로 들이는 것은 불가능하게끔 '연령의 역전현상'을 막는 제한은 존재하지만 단 하루라도 연령에서 차이가 난다면 부모자식관계를 맺을 수가 있다. 이 제도를 이용하여 부모도 세상을 떠났고 자식도 없는 싱글 동지들끼리 서로서로 양자관계를 맺어 가면 어떻게 될까? 친구 100명은 못 만들어도 양자 100명은 만들 수 있지 않겠는가. 이런 식으로 효과적인 법률이용도 연구해보면 좋을 듯 하다.

페미니스트는 가족제도의 파괴자라고 일컬어져 왔는데 이러면 대가족주의자가 될 수 있겠다. 불만 있는 사람?

자기사를 써보자

자, 이제 무엇을 남길 것인가에 대해 생각해보자. 기념관을 만들고 역사에 이름을 남긴다?(웃음) 동산은 언젠가 없어질 테고 부동산도 다른 사람 손에 넘어가게 될 것이다. 동상도 필요 없고 기념비나 기념관 같은 것도 관계없는 이야기이다. 유작이나 유고집을 내는 사람도 있겠지만 고인과 관계없는 사람한테는 단지 쓰레기에지나지 않는다. 100년 후의 역사에 이름을 남긴다, 라는 과대망상은 남자들만의 특권, 아니 병일 것이다.

나 같은 경우 단지 걱정되는 것은 남겨진 장서들이다. 연구자에게 있어 책은 장사수단이기 때문에 그 숫자가 장난이 아니다. 그리고 나는 역사가나 책 마니아가 아니므로 희귀본이나 초판본 같은값나가는 책도 거의 가지고 있지 못하다. 남는 것은 잡다한 종류의것들뿐이다.

내 친구 중에도 영문학자 였던 카즈코는 장서의 뒤처리에 대해 유언으로 남기지 않고 세상을 떴다. 이 친구의 장서는 친구들의 배려로 교토의 여성종합센터 도서실에 '와타나베 카즈코 기념문고'라는 이름을 달고 기증되었다. 그런가하면 생전에 기증 의사를 표명했던 분도 있다. 국제적인 사회학자였던 츠루미 카즈코 씨는 조카 츠루미 타로 씨가 근무하고 있는 교토분교대학 도서관에 장서를 기증했다. 이것도 '츠루미 카즈코 문고'라는 이름이 붙여져 고인이 작성한 원고 등과 함께 기증되어 있다.

이 이야기를 듣고 나는 당황했다. 책을 기부하는 것은 전혀 상관없으나 '우에노 치즈코 문고' 같은 이름을 달아 공개하는 것은 안된다. 츠루미 씨 정도의 대학자도 아니고 애송이 사회학자인 내가 가지고 있는 책이라 봤자 잡다한 것들뿐이다. "흐음, 이 사람, 이 정도의 책밖에 읽지 않았군."이라던가 "어라, 이 책, 읽은 흔적이 없네?"하고 생각할 텐데 그건 사양하고 싶다. 게다가 자극적인 소재를 다루는 학자로 유명해진 나의 책장에는 위험한 계열의 책도 여럿 있다.

나는 지금도 나의 사적인 책장을 타인에게 보이는 것을 싫어하는데 이는 책장이라는 것이 그 사람의 머릿속을 반영하고 있기 때문이다. 이런 관심은 타인의 책장으로도 향한다. 다른 사람 집에 갔을 때면 흐음, 흐음, 하며 그 사람의 책장 쪽으로 눈이 돌아가는데, 내가 그런 일을 당하는 것은 사양하겠다. 이런 식으로 탐색당하는 것은 프라이버시가 노출되는 것보다 더 싫다.

그러므로 나의 장서를 어디에 기증하는 것에는 전혀 주저함이 없지만 '우에노 치즈코 문고' 같은 이름을 다는 일은 하지 말아줬으면 한다. 이번 기회에 여기에다 써 놓자.

최근에는 공공도서관의 공간부족으로 책을 기증해도 놓아 둘 곳이 없어 오히려 폐가 되는 경우가 있다. 또한 책의 색인을 만드는 데도 사람 손이 필요하기 때문에 기증하는 쪽에서 색인을 만들어 주면 받아주겠다는 식의 조건식 접수를 하는 곳도 있다. 그렇다면 차라리 예산 적은 해외 대학도서관으로 일본의 여성학연구 자료로서 기증하는 것도 좋으나 그 경우에는 해외로 보내는데 드는 막대한 운송비를 누가 부담할 것인가라는 문제가 또 생긴다.

색인을 달고, 중복되는 것을 체크하고, 운송비를 자기부담으로 하여 기증하지 않으면 아무도 책을 받아주지 않는 시대가 되었다. 차라리 그냥 킬로그램 당 얼마로 해서 헌책방에다 팔아넘기는 편이 속 시원할지도 모르겠다.

최근 자기의 삶에 대해 글을 남기는 '자기사' 쓰기가 화제가 되고 있다. 자기 자신을 위한 종이로 된 기념비가 '자기사'인 것이다. 역사가인 다이키치 씨가 '자기사'라는 말을 만들어낸 이래 특별히 유명인이 아니더라도 누구나 자기 역사를 쓰는 것이 일대 유행이 되었다. 기입식으로 된 매뉴얼 책도 시중에 많이 나와 있다.

그런데 자기사는 '자랑사'라고도 불린다. 자신의 인생을 정리하다 보면 아무래도 조금이라도 멋있게 남기고 싶은 마음이 들기 때문이다. 정치가나 기업의 창업주 가운데에는 너무 바빠 직접 책을 쓸 여유가 없다는 핑계로 대필 작가를 고용해 받아 적도록 하고 본인은 자랑만 늘어놓고 그것을 '자랑사'로 정리해 내는 사람도 있다.

자비로 출판하여 지인, 친구들에게 돌리는 사람도 있는데 가족 앨범과 마찬가지로 자기사는 본인과 그 관계자들에게만 가치가 있는 것이다. 기타 사람들에게는 전혀 아무런 의미도 없는 그저 성가신 물건에 지나지 않는다.

정말로 가치가 있는 것은 특정 사람에게 보내는 메시지로서의 자기사다. 내 아이에게 내가 살아온 증표를 남기고 싶다는 마음으로 쓴 기록이라면 남겨진 자식들에게는 무엇과도 바꿀 수 없는 소중한 보물이 될 것이다.

남기면 골치
아파지는 것도 있다

남기는 편이 좋은 물건도 있지만 남기면 곤란한 것들도 있다.

아는 사람 중에 몰래 사귀던 정부가 갑자기 죽어버린 경우가 있었다. 정부의 급사 소식을 듣고 그가 가장 당황했던 것이 정부와 함께 즐기던 어른들의 장난감과 소도구들을 유족이 발견하면 어쩌나 하는 것이었다. 그렇지 않아도 예기치 못한 딸의 죽음에 비탄해 있을 가족들이 유품 속에서 채찍이나 가죽수갑을 발견했을 때 받을 충격은 상상을 뛰어넘는 것이리라.

그는 혼자 사는 그녀의 아파트 열쇠를 가지고 있었는데 자, 여러분이라면 어떻게 하시겠는가. 그는 사망소식을 듣자마자 슬퍼할 여유도 없이 어떻게 하면 유족들의 눈을 피해 그 소도구들을 꺼내올까 고민하느라 필사적이었다고 한다.

유품 가운데에도 봉인해두는 편이 좋은 물건이나 빨리 처분해

놓는 것이 좋은 물건들이 있을 것이다. 미리미리 대책을 세워두는 것이 좋다.

남겼을 때 골치 아파지는 것 중 최고는 애완동물 같은 살아있는 것들이다. 특히나 주인에 대한 충성심이 강해 다른 사람 손에는 적응하지 못하는 '충견'의 경우라면 맡는 쪽도, 맡겨지는 개 쪽도, 모두 힘들어진다. 대형 사이즈의 개는 도시 아파트 같은 데서는 키울 수 없으며 파충류 같이 조금 독특한 취미도 곤란하다.

현재까지 줄곧 개를 키워왔던 미에코 씨는 11년 동안 키운 시바이누(柴犬, 일본 고유 품종으로 몸집이 작고 적갈색 털이 나 있으며 귀가 서고 꼬리가 말려 있다)가 죽은 뒤 57세에 다시 마음을 다잡아먹고 카이켄(甲斐犬, 일본 고유 품종으로 몸집은 약 50cm전후에 짙은 갈색 털이 나 있으며 수렵용으로 길러지기도 한다) 강아지 한 마리를 분양받았다. 그녀는 중간 사이즈의 일본 개를 좋아한다. 이번에 얻은 카이켄은 혈통보증서와 함께 딱 보기에도 수렵에 적합한 날쌔고 사나운 눈매를 가진 개구쟁이 얼굴을 하고 있었다. 개의 수명이 14년 정도고 현재 자신의 나이를 생각해보니 함께 산책을 나가거나 뒤치다꺼리를 해줄 수 있는 최대한의 강아지 나이가 이 정도였다고 한다. 생애 마지막으로 기르는 한 마리라고 생각하니 개를 고를 때도 진지한 자세로 임하게 되었다고 한다.

이만큼 신경 쓰고 생각해서 행동해도 모든 일이 예정대로는 되지 않는 것이 인생이다. 고령자에게 있어 애완동물이 가져오는 안정 효과는 이미 증명된 상태다. 애완동물은 이제는 가족의 일원이 된지 오래다. 내가 먼저 죽어 홀로 남겨지게 될 것이 걱정되는 것은 자식만이 아닌 것이다.

몇 십 년 전까지만 해도 남기면 골치 아파지는 것들은 남이 안 봤으면 하는 일기장이나 꼭꼭 숨겨온 옛 연인의 러브레터 같은 종이 매체의 기록이 주를 이루었다. 그러나 최근에는 컴퓨터 하드디스크나 휴대전화 메모리로 바뀌었다.

아쿠타가와 상 수상작인 이토야마 아키코 씨의 『바다에서 기다린다(沖で待つ)』(文藝春秋, 2006년)는 관리직으로 일하는 한 여성과 입사동기인 한 남성과의 우정을 그린 유명한 작품이다. 소설 내용 중에 주인공 여성이 급사한 남성의 아파트에 미리 준비한 열쇠를 가지고 몰래 들어가 하드디스크를 파기하는 에피소드가 나온다. 생전에 서로 맺은 약속을 지키기 위해서이다. 현대인에게 있어 컴퓨터 하드디스크란 머릿속 모든 정보가 전이되어 저장되어 있는 메모리의 총집결체다. 남겨진 사람들에게 알리고 싶지 않은 것들이 집적되어 있다고 말해도 과언이 아닐 것이다.

그러고 보니 코이케 마리코 씨의 소설 『에리카(エリカ)』에도 불륜을 하던 아내가 입욕 중에 갑자기 죽음을 맞으면서 욕조에 휴대전화를 떨어뜨려 메모리가 망가지는 장면이 나온다. 휴대전화는 불륜의 필수 아이템이라 할 수 있다. 그 사실을 잘 알고 있는 내 친구들은 그녀가 최후의 힘을 짜내어 일부러 욕조 속에 휴대전화를 빠뜨린 것이리라고 추측한다.

이럴 때를 대비해서라도 휴대전화에 어쭙잖은 방수기능 같은 것은 없는 편이 나을지도 모르겠다.

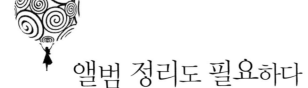

앨범 정리도 필요하다

　사람은 죽어서 무엇을 남기는가? 물건들은 여기저기로 흩어지고, 부패되고, 이내 사라진다. 부동산은 타인의 수중으로 넘어간다. 마지막에 남는 것은 남겨진 사람들 속에 존재하는 기억이다.

　사람은 죽어서 남겨진 사람들에게 기억을 남긴다. 그리고 기억이란 것은 그것을 가지고 있는 사람이 살아 있는 동안은 보존되지만 그 사람의 죽음과 함께 반드시 사라져 없어질 운명을 가지고 있다.

　서양의 가정에는 벽난로 위나 침대 곁에 가족사진을 놓는 습관이 있다. 살아 있는 동안은 매일 "당신을 생각하고 있습니다."라는 뜻이 되며 죽은 뒤에는 그것이 그대로 위패의 역할을 한다. 일본의 가정에 고인의 사진과 불단을 마련해 놓는 것과 비슷한 것으로 생각하면 된다.

　그런데 위패라던가 가족사진 같은 것만큼 당사자 이외의 사람에게 의미 없는 것은 없다. 가끔씩 친구 집에 놀러가서 친구의 가족 앨범을 억지로 보게 될 때가 있는데, 보여주는 쪽이야 모두가 의미 있는 사진들일 테지만 잘 모르는 쪽에서는 별다른 의미가 부여되지 않아 지루해 지는 것과 마찬가지다. 본 적도 없는 사람들 사진을 보며 일일이 "호오~"하고 감탄사를 내뱉으며 알지도 못하는 어린 아기나 아이들 모습에 "귀여워라~"하고 마음에도 없는 말을 연속해서 하지 않으면 안 되기 때문이다.

앨범이란 본인들이 기억을 반추하며 당시의 경험을 재현하며 '추억을 두 번 즐기기 위해 있는 것'이다. 나는 남이 보여 달라는 말에 무심코 앨범을 꺼내 보여주는 일이 없도록 주의하고 있다.

가족사진은 그 사람의 기억이 남아있는 한 벽난로 위에 놓이게 된다. 그리고 그동안 죽은 자는 기억해주는 사람들의 기억 속에서 계속 살아 숨 쉰다. 자신이 이 세상에 존재했다는 것을 다른 사람들이 기억해 주고, 그런 사람들이 하나 둘 사라지면서 또 자신이 이 세상에 존재했던 흔적도 조금씩 사라지는 것. 그걸로 좋지 않은가.

어떤 식의 죽음을
맞이할 것인가

　자 이제 슬슬 최후의 순간을 미리 한번 들여다 보자. '혼자 남겨진 자의 최후'를 떠올리면 곧 '고독사'라는 말이 떠오른다.

　제5장에서도 언급했지만 사람들은 죽음의 방법에 대해서도 '올바른 죽음법'과 '올바르지 못한 죽음법'으로 나누어 생각하는 경향이 있는 것 같다. 그리고 고독사는 '올바른 죽음법'에는 포함되지 않는 것 같다.

　의료사회학자인 미마 다츠야(美馬 達哉) 씨는 '자연사'라는 개념은 사회적 규범으로서의 '아름다운 죽음'을 의미하는 것으로 '자연에 맡겨 방치된 죽음을 가리키는 말이 아니라고' 설명한다. 이러한 기준에서 말하자면 "자연 그대로 인간의 개입 없이 방치된 죽음인 '고독사'는 결코 자연사로서 일컬어지는 일이 없게" 된다.

　그럼 '사회규범으로서의 자연사'란 무엇일까?

미마 씨에 의하면 ① 본인이 죽음을 자각하고 있을 것. ② 본인과 가족 모두 죽음에 대비하고 있을 것. ③ 경제적 및 법적인 준비가 갖춰져 있을 것. ④ 직장과 관련된 일 등의 사회적 책임을 종결해 놓을 것. ⑤ 주위 사람들과 작별인사를 마쳐 놓을 것의 다섯 가지 조건이 있다고 한다. 음—. 이걸 과연 '자연적'이라고 말할 수 있을까. 이 기준을 모두 만족하여 '자연스럽게' 죽을 수 있는 사람이 몇 명이나 될까.

정리해보면 "자연사란, 한 사람의 개인이 홀로 죽음을 맞이하는 고독한 죽음과는 정반대의 것으로 가족이 '임종을 바라보는' 것이 가능한 사회적인 죽음"을 가리키는 말인 것 같다. 그렇다면 '자연사'라고 하지 말고 '사회사'라고 부르는 편이 더 타당하지 않은가 하는 생각이 든다.

병상에 있던 아버지를 돌보고 있을 때 문득 이런 생각이 든 적이 있다.

"정말 마음이 아프고 안타깝긴 하지만 죽어가는 것은 아버지이지 내가 아니구나. 나는 결국 죽어가는 아버지의 고독을 다 알 수가 없겠구나."

죽는다는 경험은 누구에게나 평등하게 찾아오지만 누구와도 나눌 수 없는 오직 혼자만의 경험이다.

그렇다면 앞서 말한 '자연사'의 조건은 죽어가는 사람을 위한 것이 아니라 남겨지는 가족을 위한 것, 문자 그대로 '사회적인 죽음'을 위한 조건이 아닐까. 즉, 가족이 임종을 지켜보는 가운데 맞이하는 죽음만이 '자연적인 죽음'으로 인식되어 왔다는 것이다.

그런데 초고령사회라는 것은 특정 개인이 가족 내 누구보다도 오래 살 가능성이 있는 사회를 말한다. 요새 세상에 자식과 손자들에 둘러 싸여 가족 안에서 죽음을 맞이하려면 어지간한 조건이 갖추어져 있지 않는 한 불가능한 일이라 할 수 있다. 누구나가 실현 가능한 죽음이라고 할 수 없는 것이다. 그럼에도 불구하고 이러한 죽음이 '자연사'고 '올바른 죽음법'이라고 한다면 이 조건을 충족시키지 못하는 대부분의 사람들의 공포심을 불필요하게 부추기는 꼴이 되며 또한 남겨진 가족들에게도 "임종에 가지 못했다.", "혼자 죽게 해버렸다."하는 쓸데없는 죄책감을 부추기는 결과를 가져오게 되는 것이다.

중년인 유리코 씨 에게는 어머니와 딸이 한 명이 있다. 뇌경색으로 쓰러져 반신불수가 된 어머니를 위해 도우미를 고용해 돌보며 생활하고 있었는데, 급한 일로 휴일 출근을 한 어느 주말, 집에 돌아와 보니 어머니가 죽어있었다. 그녀는 아직 온기가 가시지 않은 시신을 부여잡고 통곡을 하며, 일을 다음날로 미룰 수도 있었는데 그렇게 하지 않고 어머니를 혼자 죽게 한 자신을 책망했다.

내가 보기에 어머니를 혼자 죽게 한 것은 단지 그녀의 잘못이 아니며 죽은 어머니 역시 그 자리에 아무도 없었던 것에 대해서 원망하지 않았을지도 모른다. 죽는다는 것은 철저하게 고독한 행위로 누구도 대신해줄 수 없다. 나는 죽어본 적이 없기 때문에 잘 모르겠지만 죽음의 순간에 누군가가 곁에 있어주는 것이 죽는 사람에게 있어 그렇게 중요한 일일까.

임종을 지켜보고 싶다는 것은 남겨진 가족의 집착이다. '임종에 참석' 하는 행위는 죽어가는 사람을 위한 것이 아니라 앞으로 살아갈 사람을 위해 존재하는 것이라는 생각이 든다. 같이 살고 있는 경우에조차도 자고 있는 동안, 외출하고 있는 동안, 잠시 눈을 떼고 있는 동안 무슨 일이 일어날지 알 수 없다면 오히려 언제 작별하게 되더라도 편안하게 보낼 수 있는 마음가짐으로 매일을 살아가는 것이 더 중요하지 않을까.

거의 식물인간 상태인 시어머니를 오랜 세월 동안 자택에서 돌봐온 기미코 씨는 친구와 외출도 하고 시내에 쇼핑을 가기도 한다. "시어머님과 함께 살면서 할 수 있는 모든 것을 했으니 언제 무슨 일이 생기더라도 후회를 하는 일은 없을 겁니다."하고 그녀는 분명하게 생각을 정리해놓고 있었다. 그게 바로 친딸과 며느리의 차이점이다, 라고 말하는 사람도 있을지 모르나 꼭 그렇게만 바라볼 일도 아니다. 어떻게 죽을 것인가가 아닌, 어떻게 떠나보낼 것인가는 살아남는 사람 쪽의 집착인 것이다.

싱글은 어쩔 수 없는 경우이던 아니면 원해서 선택한 경우이던 간에 가족으로부터 해방된 사람들이다. 그 가운데는 나 같은 '확신범'으로 가족을 만들지 않은 사람도 있다. 임종을 지켜볼 사람이 없는 것이 당연하다. 병원이나 시설에 들어가 있다면 의료관계자들이 임종을 지켜줄 것이다. 그 사람들에게 "고마워요."라고 말하고 죽으면 된다. 친한 사람들과의 작별인사는 이미 전해둔지 오래다.

싱글은 곧 고독사, 라는 등식의 주박으로부터 벗어나려면 어떻게 해야 할까.

고독사가 무서운가

앞서 소개한 요시다 씨의 『유품정리업자는 보았다! (遺品整理屋は見た!)』에 의하면 그가 보고하는 고독사의 대부분은 놀랍게도 '55세부터 65세까지의 연령층'에 집중해 있다. 요시다 씨 본인이 이야기하는 것처럼 '독거노인의 고독사'라고 하기에는 '너무 젊은 연령'이다. 그리고 특히 그 대부분은 남성이었다.

요시다 씨가 다루는 고독사에는 사후 수 주 간부터 수개 월 동안 발견되지 않은 케이스가 많다. 이 경우 시신은 부패가 진행되어 악취가 발생하고 구더기가 생긴다. 읽는 것만으로도 냄새가 코를 찌르는 듯한 싫은 기분이 들지만 요시다 씨의 인간애가 문장의 품격을 유지시켜 주고 있어서 참을 수 있다. 죽는 것은 혼자서도 가능하지만 자신의 시체를 포함하여 죽은 다음의 뒷정리는 혼자서 할 수 없다. 책을 읽다보면 고독사는 외로운 것뿐만 아니라 이웃에게도 폐가 된다는 사실을 잘 알 수 있다.

이런 책을 읽고 공포심에 휩싸이는 사람도 많을 것이리라 생각된다. 그러나 직업적인 유품정리업자를 부를 만큼 일반적이지 않은 죽음을 맞이한 고독사 사자(死者)는 살아있을 때부터 비일반적인 고독('고립'이라고 하는 것이 더 정확한 표현이지만)에 처해있는 사람이라는 것을 이 책을 읽다보면 알 수가 있다. 그가 보고하는 사례들은 실업, 이직, 은둔(히키코모리, ひきこもり), 니트(NEET, Not in Education, Employment or Training), 이별, 가족의 불화와 같은 사정에 의해 고립된 생활을 보내던 사람들이다. 게다가 누구에게도 도움을 청하는 일 없이 궁지에 몰려있던, 주로 남성들이었다.

요시다 씨는 '고령자의 고독사'를 우려하고 있지만, 사실 그 전에 걱정해야 하는 것이 '고령자의 고립생활'이다. 고립되어 살아온 사람이 고독사를 맞이한다. 사는 법과 죽는 법은 이어져 있다. 사람은 갑자기 고독사만을 맞이하지 않는다.

이 책에는 호화저택에서 죽은 지 약 1년 이상 지날 때까지 발견되지 않은 할머니의 사례가 나오는데 이것도 오랜 기간에 걸친 친족과의 단절이 그 배경에 있다. 요시다 씨가 이상하게 생각하는 것처럼, 그렇게 많은 재산을 가지고 있는데도 왜 사람을 고용하여 자신을 돌보게 하지 않았을까? 그리고 아무리 친족과 소원하게 지낸다 하더라도 친구는 없었을까? 하는 소박한 의문이 생긴다.

만반의 준비를 갖춰 최후를 맞이할 당신은 이러한 '고독사'와는 인연이 없다. 책을 읽을수록 오히려 안심이 될 것이다. "뭐야, 나하고는 상관없잖아. 나는 괜찮아."하고.

일반적인 죽음과 싱글이 맞이할 '고독사'의 차이점이라면 죽는 순간을 지켜봐줄 가족이 없다는 정도일 것이다. 그러나 싱글 생활을 해온 사람이라면 그런 각오쯤은 미리 해 두었을 것이다. 그렇기 때문에 친구의 중요성이 다시 한번 부각된다. 친구의 중요성에 대해서는 싱글이라면 '친구 네트워크'를 만들어 두어야 한다고 앞에서 여러 번 그 중요성을 말한바 있다. 다시 말하자면, 친구 네트워크가 없다면 싱글이 될 자격이 없다는 것이다.

동거가족이 있다면 죽은 뒤 금방 발견될 수 있을 테고 혼자사는 경우라 할지라도 이웃이나 친구들과의 정기적인 만남이 있으면 며칠 안에 발견될 수 있을 것이다. 또한 언제나 연락을 주고받는 친구가 있다면 금방 변화를 눈치 채고 조치를 취해 줄 수 있을 것이다.

내가 관계하고 있는 퇴직자 네트워크에는 서로의 집 열쇠를 맡길 수 있을 정도로 깊은 신뢰관계가 형성되어 있다. 예전에 한 번, 한 남성멤버에게 수차례 전화를 걸었는데도 연결되지 않은 적이 있었다. 그 남성은 심장에 지병을 가지고 있었는데 혹시나 집 안에서 발작을 일으켜 쓰러져 있는 것은 아닐까 하고 열쇠를 가지고 있던 사람이 찾아들어가 상황을 확인한 적도 있었다. 이러한 '작은 참견'의 네트워크가 안전망이 되어줄 것이다.

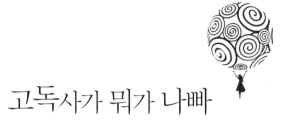

고독사가 뭐가 나빠

그래도 여전히 '고독사'를 둘러싸고 있는 부정적인 이미지는 어떻게 하면 불식시킬 수 있을까?

가만히 생각해보면 사람이 죽을 때만 평소 소원하게 지내던 친족이나 지인들에 둘러싸여 죽는다는 것도 이상한 일일지도 모른다.

유품정리업자의 업무는 시신을 수습한 뒤 남은 방의 정리를 하는 것이고 시신을 받아 검시를 위해 해부하여 소견을 쓰는 등의 일은 검시의가 한다. 화장(火葬) 허가를 받기 위해서는 의사의 사망진단서가 필요하기 때문에 의료기관의 관리 아래서 맞이하지 않은 죽음은 대부분이 검안 대상이 된다. 힘든 직업이 아닐 수 없다.

도쿄도 검시의무원에 근무하는 코지마하라 마사나오씨에게는 '고독사'에 관한 감동적인 강연록이 있다.

코지마하라 씨의 강연은 "사람은 친지나 지인의 죽음을 아무리 고통스럽게 경험하더라도 죽는 당사자의 기분을 절대 알 수 없습니다. 자신은 죽지 않았기 때문입니다."라는 구절로 시작한다. 100% 동감하는 말이다.

'고독사'의 사례를 많이 접해온 코지마하라 씨는 "독거에 이르게 된 경위는 모두 지극히 개인적인 문제로서 그것을 타인이 고독하다느니 어떠니 추측하는 것은 잘못된 일입니다."라고 말한다. 그가 경험한 '고독사'의 대부분은 고독과는 무관한 단시간의 죽음이다.

그리고 "버림받았다는 사실과 고독과는 별개다."라는 니체의 말을 인용하면서 고독사가 오히려 자신의 이상적인 죽음이라고 말한다. 그는 강연의 마지막을 이렇게 맺고 있다.

"죽음은 언제 찾아올지 모릅니다. 때문에 억지로 타협하여 나 자신이 아무런 소속감도 느끼지 못하는 집단 속의 일원이 되어 인생을 끝마치고 싶지는 않습니다. 이런 죽음을 맞이하지 않으려 평소부터 고독을 소중히 하며 살아가고 싶습니다."

혼자라는 사실의 괴로움과 혼자이게 내버려두지 않는 것의 괴로움 중 어느 것이 더 고통스러울까. 스트레스도 트러블도 인간관계로부터 온다. 혼자 있는 것이 기본이 될 수 있다면 마음은 평온을 유지할 수 있다.

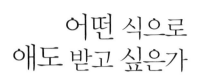

어떤 식으로
애도 받고 싶은가

장례식과 추도는 남겨진 사람들이 해야 할 일. 죽은 나하고는 관계없다(웃음).

그래도 속세의 의리라는 것도 있으니 최소한의 희망사항과 준비는 남겨놓기로 하자.

죽으면 장례를 치른다. 우선 종교색을 집어넣을 것인가 말 것인가를 결정해야 한다. 특정 종교의 신자라면 그걸로 됐지만 여태까지 한 번도 교회에 가본 적이 없는 사람이 어느 날 갑자기 아멘하는 것도 이상하다. 성묘할 때 말고는 절과 인연이 없는데 죽은 뒤 법명을 받는 것도 어쩐지 어색하다. '장례 불교'라고 별칭을 부르는 사람도 있듯이 시주는 스님들의 한 철 대목이 된다. 이 시주를 얼마나 하면 좋을지도 골치 아픈 일이 아닐 수 없다. 게다가 시주한 금액에 따라 법명의 등급이 달라지는 것도 마음에 들지 않는다. 어찌됐든 나는 죽었으니 남은 사람들 하고 싶은 대로 하면 되는 것이겠지만 "마음대로 해주세요."라고 해도 입장이 난처해지긴 할 것이다.

최근에는 결혼식과 더불어 개성적인 장례식을 하는 사람도 늘어나고 있는 추세다. 고인이 좋아했던 꽃으로 관을 가득 채운다든가 음악장을 치른다든가 여러 가지가 있다고 한다. 제단에는 하느님도 부처님도 없다. 고인의 사진이 한 장 놓여 있으면 그것으로 충분하다. 생전부터 마음에 드는 사진을 준비해 "이걸 사용해줘."하고 친구에게 부탁해놓는 사람도 있다. 결혼식 때도 프로 사진가에게 부탁하여 사진을 찍었으니 일생일대의 여행을 떠날 때도 프로 사진가에 부탁해 사진을 찍자거나 찬송가나 불경 대신에 좋아하는 음악이 흐르도록 사전에 준비해놓는 사람도 있다. 죽을 때 입을 수의를 디자인하여 준비해놓는 사람이나 뼛가루가 담길 항아리를 자신이 빚는 사람 등 각양각색이다.

여행을 떠날 준비를 하는 것이므로 어디 먼 나라로 여행갈 때처럼 이것저것 즐겁게 준비하면 된다.

나는 바흐 음악 팬이라 바흐의 수난곡으로 음악장을 하고 싶다. 마태 수난곡으로 할까 요한 수난곡으로 할까 고민 중이다. 생각해보면 수난곡이라는 것 자체가 기독교에서 유래한 것이기는 하지만 이 정도 사도(邪道)는 기독교 문화권이 아닌 일본인이 가지는 특권으로 이해해주길 바란다. 사후 50년 이상은 충분히 지났으니 저작권 문제도 없을 것이다.

하지만 그렇다고 너무 자기만의 색이 강한 장례식을 연출하도록 요구해도 장례 책임자의 원망을 살 가능성이 있다. 전혀 계절과 맞지 않은데도 "내가 좋아하는 카사블랑카 꽃으로 묻어주세요."라고 요구하는 식으로 말이다. 겨울 숲에서 딸기를 따오도록 명령하는 계모처럼 무리한 주문을 하지 않도록 주의하자. '고인의 바람'이라면 어떻게 해서든지 실현하려 이리저리 애쓸지 모르니 말이다.

그리고 "고마워요."라는 말과 함께 장례식을 담당하는 사람의 인건비까지 포함하여 장례식 비용을 준비해놓자.

공개적인 장례식이 싫다면 가족 친지들끼리만 장례를 치른 뒤 나머지는 고인을 그리는 모임을 가지도록 하면 된다. 이런 모임이야 아무런 형식이 필요 없는 것이니까 사람들 마음대로 해도 상관없을 것이다. 그리고 경비는 회비로 충당하면 될 것이다.

부의금은 받을 것인가 말 것인가, 어디에 기부할 것인가, 등도 확실하게 정해놓자. 일본에서는 경조사 때 보내온 금품의 액수를 보고 그 반액에 해당하는 물건을 답례로서 보내는 습관이 있다. 가나자와라는 오래된 지방도시에 살았던 나는 그것이 얼마나 번거로운 일인가 잘 알고 있다. 남겨진 사람들의 부담이 더해질 뿐이다.

사후 처리는
어떻게 할 것인가

　내가 죽고나면 시신과 유골은 어떻게 할지, 묘는 어떻게 할지 등의 문제가 남게 된다. 그럼 먼저 시신과 유골에 대해 생각해 보자.

　생전에 '동의서'를 써 놓으면 해부용으로 시신을 기증할 수도 있다. 단, 기증용 시신은 장기가 100% 온전한 상태가 가장 바람직하다고 하는데 수술을 받아 장기 일부를 떼어낸 내 몸은 해부용으로는 쓸모가 없는 것 같다.

　돌연사의 경우라면 장기이식용으로 기증하는 것도 가능하다. 뭐 노인의 시신은 그다지 해당사항이 없는 것 같긴 하지만. 아프다 가렵다 하는 것도 살아있는 동안의 이야기다. 누군가에게 유용하게 쓰일 수 있다면 가능한 모든 것을 내어주는 티벳의 자연장(自然葬, 시신을 새·물고기·개 등에게 내어주는) 사상이 나는 마음에 들지만 현실적으로 그런 것을 기대하기는 무리일 것 같다.

일본에서는 화장이 주류를 이루기 때문에 대부분의 시신은 불태워져 뼈만 남는다. 전쟁 당시 구일본군의 유골은 항아리에 담겨 달그락달그락 소리를 내며 유족 품으로 돌아오곤 했다. 누구 뼈인지도 모르거나 아예 빈항아리인 경우도 많았다. 화장문화권에서는 외국에서 객사한 경우에도 현지에서 화장을 하여 유골만 가지고 돌아오면 되지만 매장문화권에서는 시신을 육안으로 확인하기 전까지 가족들은 죽음을 받아들이지 않는다. 미국군의 전사자는 드라이아이스로 채워진 바디백(body bag)에 담겨 고향까지 비행기로 옮겨진다. 상당한 비용이 들지만 그렇게 하지 않으면 유족들이 납득하지 못한다고 한다. 구일본군의 해군에서는 죽은 자를 바다에 흘려보내는 수장을 했다고 한다. 차라리 이렇게 하면 마음은 편할 것이다.

일본에서 유골은 죽은 자의 상징이다. 육체와는 다르게 들고 다니거나 나누기가 용이하기 때문에 분골(分骨, 유골을 두 군데 이상으로 나누어 묻음)도 가능하다. 마땅한 처분방법이 없어 곤란해 하는 경우도 있는가하면 유골을 둘러싸고 유족 간에 쟁탈전이 일어나기도 한다.

친구 미치코 씨는 어머니의 유품인 이탈리아제 로켓 모양 펜던트 속에다 어머니의 유골 조각을 넣어서 지니고 다닌다. 그것이 어머니를 추모하는 그녀만의 방식인 것이다.

카즈미 씨(60세)는 14년 간 파트너로서 삶을 함께한 개의 유골을 죽은 지 3년이 지나는 현재까지 납골하지 못한 채 가지고 있다. 사진과 함께 거실에 놓아둔 채로.

상실의 슬픔은 아직 치유되지 못했고 다음 개를 기를 기력도 없다. 부피도 크지 않고 청결하게 관리할 수 있는 유골이기 때문에 비로소 가능한 일이라고 할 수 있다.

오사카에는 연고가 없는 유골을 모아 제사를 지내주는 절이 있다. 자식이 없는 부부처럼 장래에 묘를 지켜줄 사람이 없을 것 같은 사람들로부터 자주 문의를 받는다고 한다. 납골에 드는 비용은 최저 150만 원부터고 영구공양비는 100만 원 이상('이상'에 해당하는 부분은 성의껏 내면 된다고 한다)이다. 많이 남는 장사다.

자, 이제 무덤이다.

엔딩센터의 이노우에 씨는 묘지에서 박사논문을 쓴, 문자 그대로의 묘 박사(『묘와 가족의 변용(墓と家族の変容)』岩波書店, 2003년)다. 현재는 대학에서 학생들을 가르치고 있지만 원래는 "남편하고 같은 묘에 묻히고 싶지 않다."는 아내들의 목소리를 취재하던 논픽션작가였다.

가정폭력을 휘둘렀던 남편과 같이 묻히고 싶지 않다, 전남편이 재혼하는 바람에 내가 들어갈 곳이 없다, 시집살이를 호되게 당해 남편 집안의 '조상대대로 내려오는 묘지'에는 죽어도 들어가고 싶지 않다, 사정도 여러 가지다. 이것을 가리켜 '사후이혼(死後離婚)'이라고 하는데, 남편은 살아있는 동안 아내가 이런 생각을 하고 있었다는 것을 꿈에도 상상하지 못했을 것이다.

한신·아와지(阪神·淡路) 대지진 당시 자원봉사자로서 큰 활약을 한 모리 씨는 관서지방에서 묘 연구를 하고 있다. 오사카에 연고 없는 유골을 모아 명복을 빌어주는 절이 있다는 것도 그녀가 가르쳐 준 것이다.

모리 씨의 연구에 따르면 '조상 대대로 내려오는 묘'의 역사는 그리 오래되지 않았다. 고작해봤자 에도시대 말기 때부터 유행하기 시작했다고 한다. 그 이전에는 소토바(卒塔婆, 불경 등을 적어 묘 옆에 세워 놓는 탑 모양의 나무 판)를 세우는 정도의 심플한 개인묘나 마을의 공동묘지가 주류였다. 그 뿐 아니라 실제 매장하는 묘지와 성묘하는 묘지를 따로 만들어 시신 없는 묘에 인사하는 습관도 있었다.

원래 서민층에 '집안(家)'이라는 개념이 퍼진 것 자체가 오래된 것이 아니다. 도시화와 더불어 대도시 주변에 묘지 붐이 일어난 것도 도회지로 나온 차남 삼남들이 자기만의 '집안'을 만들기 시작했기 때문이다. 옛날에는 평생 결혼하지 않고 '헤야즈미(部屋住み, 분가하지 않고 부모나 형의 집에 얹혀사는 차남 이하의 형제)'하는 경우 장남 '집안'의 묘지에 같이 묻히는 것이 상례였다. 60년대에 공영 묘지공원이 교외에 속속 생겨나면서 이런 흐름이 계속되다간 주택부족과 마찬가지로 묘지부족현상이 일어날지도 모른다는 우려가 대두되기도 했는데 그것도 잠시 뿐이었다. 눈 깜짝할 새 저출산화가 진행되면서 곧 외동아들 외동딸끼리 결혼하는 시대가 되어 '집안'끼리의 통폐합이 이루어질 것이라는 예측도 가능하게 되었다. 그렇게 되면 묘지의 통폐합도 자연스럽게 이루어질 것이다. '조상 대대로 내려오

는 묘'의 수명은 의외로 짧았다고 역사책에 기록될지도 모르겠다.

묘에도 유행이 있다. 최근 러시아와 그 주변 지역에서 유행하는 것은 레이저로 고인의 사진을 돌에 새겨 넣은 호화스러운 개인 묘다. 화강암으로 만들어져 당당하세 세워져 있는 비석은 얼핏 보기에도 상당히 비싸 보인다. 시장경제의 도입으로 개인 간 격차가 허용되면서 고인의 업적을 자랑하고자 하는 사람들이 늘어난 탓일까. 처음 봤을 때는 묘지에 실물 사이즈의 얼굴이 주르륵 늘어서 있어 깜짝 놀랐었다. 사진을 사용하여 새긴 것이라 상당히 리얼한데 가만히 보고 있자니 오히려 기분 나쁜 느낌마저 들었다. 이런 유행은 널리 퍼지지 않았으면 좋겠다.

장례법도 여러 가지다. 최근에는 자연장(自然葬)이나 산골(散骨, 유골을 가루로 빻아 바다·강·산 등에 뿌리는 것)이 화제를 모으고 있다. 이노우에 씨가 이사를 맡고 있는 엔딩센터에서는 벚꽃나무 아래에 잠드는 수목장(樹木葬) 이외에도 장례식이나 묘지와 관련된 여러 가지 메뉴를 준비해놓고 있다. 산골은 '자연으로 돌아간다'는 의미 때문에 인기를 끌고 있는데 유골을 아무데나 마음대로 뿌려도 괜찮은 건지? 하는 의문을 가지는 사람도 있을 것이다. 사실 산골에 관해서 법적인 규제는 없다. 장례와 매장과 관련한 법률이 원래 산골 같은 것을 상정하고 만들어진 것이 아니기 때문이다. 뼛가루를 바다나 산이나 자택 등 어디에 뿌리더라도 특별히 법적으로 규제를 받거나 하는 일은 없다. 법무성이나 후생노동성도 "절도를 지킨 장례 절차의 하나로 행해지는 한 문제될 것은 없다."는 입장이다. 단 산포할 때는 그것이 사람의 유골인지 분간할 수 없도록 분말화하는 등 타인에게 폐가 되지 않도록 주의하는 것이 필요하다. 또한 개중에는 조례로서 산골을 규제하고 있는 지자체도 있으므로 조심해야 한다.

오랜 친구 중에 『미국에서 유방암과 함께 살다(アメリカで乳ガンと生きる)』(朝日新聞社, 2000년)를 쓴 친구가 있다. 사회학자로서의 노하우와 에너지를 모두 쏟아 부은 이 감동적인 투병 기록을 출판한 뒤 북유럽으로 호스피스 케어를 취재하러 가 그곳에서 생을 마쳤다. 이미 암 말기 상태였던 그녀에게 여행을 자제하도록 충고한 사람도 있었지만 "어디서 죽든지 마찬가지야."라며 그녀는 마지막까지 자신이 하고 싶은 것을 관철시켰다. 그리고 그것이 가능했던 것은 오랜 세월 옆에서 그녀를 지켜온 13살 연하의 파트너가 있었기 때문이었다.

그녀가 노르웨이에서 객사한 뒤 그는 일본의 친족들에게 연락을 취하고 현지에서 화장할 수 있도록 조치한 뒤 유골을 미국 텍사스 자택으로 가지고 돌아갔다. 슬픔에 젖어있을 새도 없이 낯선 땅에서 이 정도의 일을 처리하는데 얼마나 고생했을까.

친구는 "유골을 내가 좋아하는 오키나와의 바다에 뿌려줘."라고 유언했고 연하의 파트너는 미국에서 다시 일본으로 와 유족 및 친구들과 함께 배를 타고 푸른 산호초가 보이는 바다로 나갔다. 이 오키나와 여행은 남겨진 사람들에게 평생 잊을 수 없는 소중한 '추모

모임'이 되었을 것이다.

내 친구 중에 티벳에 관한 것이라면 사족을 못 쓰는 대단한 열성
팬이 한 명 있다. 순서대로라면 이 친구가 나보다 먼저 저 세상으
로 갈 것 같은데 만약 이 친구가 "티벳에 뿌려줘."라고 유언하면 어
떻게 해야 하나 고민 중이다. 비행기로 북경까지 간 다음 다시 갈
아타 서안까지 도착하는데 꼬박 하루가 걸린다. 그리고 라싸까지
가는데 또 하루. 칭짱철도(靑藏鐵道, 중국 칭하이성 시닝에서 거얼무(格爾木)를 거쳐

티베트 라싸까지 이어지는 1,142km 구간의 세계에서 가장 높은 고산지대 철도. 라싸 익스프레스라

고 불리기도 한다)가 개통하긴 했지만 칭짱철도를 타고서도 한참을 가야
한다. 고인의 소원은 들어주고 싶지만 그 때쯤이면 이미 고령자가
되어있을 내가 4,000m 가까이 되는 고원지대를 견뎌내고 소원을
실현시켜줄 수 있을지 의문이다.

그에 비하면 내 소원은 아주 작은 것이다. 교토에서 살던 때, 나
는 매년 8월 16일에 열리는 '고잔노오쿠리비(五山の送り火)'라는 불을
놓는 축제를 기다리곤 했다. 5개의 산 중턱에 화톳불을 놓아 '大',
'妙', '法' 등의 글자와 배 모양 등을 만드는 모습이 장관이다. 죽
은 자의 영혼을 저 세상으로 떠나보낸다는 의미를 가진다고 한다.

내가 다녔던 교토대학의 학생들 사이에서 옛날부터 전해져 내려
오는 이야기가 있는데 다이몬지산에 불을 놓는 날 '大' 글자가 정
확히 '犬'이 되는 지점에 장작을 가지고 들어가 이 명물행사를 구

경하러 전국에서 모인 사람들이 보는 앞에서 '大'를 '犬'으로 바꾸는데 성공하는 사람은 틀림없이 후에 큰 인물이 되리라는 것이다. 실제로는 소방서가 총출동하여 삼엄한 경비태세를 갖추고 있기 때문에 그런 용감무쌍한 행동이 실현될 가능성은 전혀 없다.

그러나 나에게는 소망이 있다. 나의 유골을 '大'자가 '犬'자가 되는 딱 그 '점'의 위치에 뿌려줬으면 하는 것이다. 실은 내가 사랑하던 작은 새나 강아지들이 이미 그 위치에 묻혀 잠들어 있다(장소는 비밀). 나도 같은 장소에 잠들고 싶다. 그렇게 하면 매년 고잔노오쿠리비를 보러 온 모든 사람들이 '犬'자를 바라봐줄 것이다……. 이 정도 바람이라면 들어줄 수 있을 것 같긴 한데. 이렇게 공언해놓았으니 조만간 조례가 생겨 규제가 가해질지도 모르겠다. 괜히 말했나…….

싱글의 죽는 법에 관한
5가지 조항

결론부터 말하자면 죽고 난 뒤의 일까지 신경 쓸 여유가 없다는 것이 죽는 사람의 본심이다. 가족이 있는 사람은 지금까지 반복되어온 관습이나 의례라는 것이 있기 때문에 그것에 맞춰서 하면 되겠지만 싱글은 그러한 관습에 기댈 수 없으므로 미리 어떻게 할지 생각해놓지 않으면 안 된다. 또한 뒤에 남아 그것을 실행할 사람에게 가능한 한 부담이 되지 않는 방식으로 말이다.

머지않아 싱글들을 위한 장례 메뉴나 묘지 메뉴가 다양화될 것이라 믿지만 그때까지는 시행착오를 계속할 수밖에 없다.

지금까지 살펴본 것을 토대로 파악한 싱글의 '죽는 법'을 정리해보면 다음 5개 항목으로 요약할 수 있겠다.

그 첫 번째.

죽고 난 뒤 바로 발견될 수 있도록 정기적으로 긴밀한 연락을 취하는 인간관계를 만들어 둘 것.

그 두 번째.

남겼을 때 다른 사람에게 피해가 갈만한 물건은 미리 처분해 둘 것.

그 세 번째.

시신 및 유골의 처리에 관해서는 남겨진 사람들에게 무리가 되지 않는 한도 내에서 희망사항을 전달해 둘 것.

그 네 번째.

장례식과 묘에 관해서도 남겨진 사람들에게 무리가 되지 않을 한도 내에서 희망사항을 전달 해 둘 것. "마음대로 해주세요."도 곤란하지만 반대로 너무 오리지널한 요구를 하거나 파격적인 요구를 하여 그것을 실행하는 사람이 곤란해 할 희망사항은 남기지 말 것. 어디까지나 타인이 해주는 것이라는 사실을 명심하자.

그 다섯 번째.

이상의 조치가 마지막까지 바르게 행해질 수 있을 정도의 충분한 비용과 사례금을 준비해 놓을 것. 사람을 부리는 것은 공짜가 아니라는 사실을 잊지 말 것.

이렇게 적어보니 그다지 어려운 일도 아니다.

지금까지의 인생을 잘 살아온 싱글이라면 누구나 할 수 있는 것들뿐이다.

이제 이것으로 안심하고 죽을 수 있으려나.

한국에서 **여자**로 **산다**는 것

세계에서 가장 빠른
고령화가 진행되는 한국

    원래 고령화라는 것이 발생하는 것은 선진국의 특징이다. 미국과 같이 지속적으로 이민을 받아들이는 나라는 예외이지만 유럽과 같이 산업화가 앞선 나라는 100여 년 전부터 고령화가 진행되었다.

    산업구조가 선진화 되면서 고도의 기술과 정보, 지식을 요하는 산업이 중심이 되기 때문에 여기에 필요한 소수정예의 인재가 필요하고, 그러다 보니 한 사람을 교육시키는데 들어가는 교육비가 커지면서 자연스럽게 아이를 적게 낳는 사회 구조로 바뀐다. 세계에서 고령화가 가장 오래된 나라는 프랑스다. 115년 전에 이미 고령화 사회에 접어들었다고 한다. 그 다음이 이탈리아, 스웨덴과 같은 유럽 선진국이다. 장수국가라고 알려져 있는 일본은 고령화 사회가 된지 35년이 지났을 뿐이다.

    그런데, 아직 선진국 문턱을 넘어서지 못한 한국은 2000년에 고령화 사회가 되었고, 전 인구 중 20%가 노인인 초고령 사회로의 도달 기간이 고령화 사회로 접어든지 불과 25년 후이다. 이것은 일본보다도 빠른 속도이다. 즉, 전 세계 어느 나라보다 가장 빨리 고령화가 진행되고 있다. 이러한 한국의 고령화 원인은 다른 나라의 고령화 원인과 마찬가지로 의료기술 발달로 인한 평균수명 연장, 여성의 사회진출로 인한 출산율 감소 등이 주요 원인이다. 게다가 후발 산업국이기 때문에 산업 구조상 [선택과 집중]을 할 수 밖에 없었고, 노동력이 필요한 분야보다는 부가가치 창출을 위한 산업구조로 급격히 변동하였으며, 소수정예 인재를 배출하기 위해 1인당 교육비가 급격히 증가하면서 고령화가 가속화된 것이다.

이처럼 빠른 속도로 고령화가 진행된다는 것이 의미하는 것은 무엇일까? 그것은 한국 사회에 세대간에 이해할 수 없고, 공감할 수 없는 가치관이 동시에 존재한다는 것이다. 쌍둥이도 세대 차이를 느낀다는 말이 있듯이 한 가정 내에서 부모 자식 간에 상이한 가치관과 문화가 존재하는 다양한 구성 요소의 집합체 간에 갈등의 씨앗이 커진다는 것을 의미하기도 한다.

간병은 이제 더 이상
가정 내의 일이 아니다

　과거의 농경사회에서는 노동력이 필요했기 때문에 아이를 많이 낳았고 대가족 제도를 유지하며 육아나 간병, 집안일에 있어서 보완적인 가족 내의 기능이 발휘되었다. 그러나 산업사회가 진행되면서 핵가족화가 가속화되고 여성의 사회 참여가 늘어나 가정 내에서 간병이 필요한 환자가 발생하면 가정의 기능 자체가 위협을 받을 정도로 가족 구성원은 각자 역할이 독립적으로 되어가고 있다. 그 중에서도 전업주부의 역할이 없어지면서 가정 내에서 예기치 않은 사건이 발생하면 이를 해결할 사람이 없어 가족 모두가 각자의 기능에 지장을 초래하는 사태를 맞이하기도 한다.

　요즘은 가족 중 누군가가 장기 입원생활을 하게 되면 간병도우미를 고용하는 것이 보편화되었다. 그러나 아직까지 경제적인 형편은 허락해도 가족 중 누군가가 수발을 담당해야 한다고 생각하는 심리적 부담을 앉고 있는 사람도 많다. 전적으로 담당하지 않더라도 환자가 생기면 다른 가족들이 부담을 갖게 되는 것은 어쩔 수 없다. 가족이 함께 사는 가정도 이러할 진데 혼자 살고 있는 사람의 경우 간병이 필요한 상태가 되면 어떻게 해야 할까?

한국은 2008년 7월 1일부터 '노인장기요양보험' 제도를 시행하고 있다. 이 보험은 바로 이러한 문제를 사회적으로 해결하기 위해 만들어진 사회보장제도이다. 치매나 중풍과 같은 장기적 요양을 필요로 하는 65세 이상 노인을 대상으로 여러 가지 장기요양 서비스를 제공하는 것이다. 시행 1년 동안 이 보험의 혜택을 받을 것으로 생각되는 고령자 수는 전체 65세 이상 고령자의 3.1%에 해당되는 17만 명으로 예상하고 있다.

병원에 가기 힘든 고령자를 위해 방문간호 서비스를 실시하여 간호사가 직접 고령자의 집을 방문하며 투약처치 및 간호 서비스를 제공한다. 또한 목욕이나, 배설, 식사와 같은 일상적인 생활을 지원하는 방문요양 서비스도 있다. 그 밖에도 요양이 필요한 고령자가 낮 시간대에 주간보호센터에서 시간을 보낼 수 있는 서비스, 가족들이 며칠간 집을 비운 사이에 보호해주는 단기보호센터 등이 있다.

제도가 실시되기 전에는 집에 간병이 필요한 고령자가 있으면 하루 종일 누군가가 수발을 들거나 돌보는 사람 없이 고령자 홀로 시간을 보내야 하는 경우가 많았으나 이제는 형편에 맞는 시설에 입소하거나 집에서 위와 같은 서비스를 받을 수 있다.

이 제도는 한국의 여러 가지 사정을 고려하여 병환의 상태가 심한 고령자들 위주의 서비스 제공을 목적으로 하고 있어 식사제공이나 가벼운 노환 정도의 고령자는 혜택을 받을 수 없다. 그러나 간병 전문가들은 오히려 와상 상태의 중증 환자보다 경증 환자들에게 손이 더 많이 간다고 한다. 경증 환자들은 아직 자신의 상태를 인정하지 않기 때문에 무리한 행동을 하다가 병을 키우거나 낙상 등과 같은 사고를 당할 위험이 크다. 자존감을 굽히지 않기 때문에 누군가로부터 수발받기를 원하지 않아 스스로 해결하려다 사고를 일으킨다는 것이다.

하지만 현재의 한국의 재정 형편상 경증 고령자에게까지 보험 혜택이 확대되기를 기대할 수는 없다. 수혜자를 늘리기 위해서는 보험료를 더 많이 걷어야 하는데 장기요양보험료는 국민건강의료보험에 가입한 사람이라면 가족 중에 간병이 필요한 사람이 있든 없든 누구나 내야 한다. 보험료는 의료보험료 금액에 비례하여 책정되고 있는데, 국민들은 의료보험 재정 운영에 대해 불안감을 갖고 있기 때문에 일정 금액 이상 보험료를 올리는 것은 국민들에게 반감을 살 수 있기 때문이다.

또 한 가지 보험 혜택을 확대시킬 수 있는 방법은 이용자의 이용부담을 현재의 시설 서비스 이용 시 20%, 재가 서비스 이용 시 15%에서 더 높여 이용료를 더 많이 징수하는 방법이다. 참고로 의료서비스(병원이나 약국을 이용하는 경우)는 자기 부담률이 30%이다. 그러나 노인장기요양보험의 시범사업의 결과를 보면 현재 수준에서의 자기 부담금도 부담이 되어 이용을 꺼려하는 대상자가 많다. 이를 감안하면 이용료를 높일 수는 없는 노릇이다. 그러므로 이용 대상자 규모를 경증 고령자까지 확대시키기는 당분간 어려울 것이다.

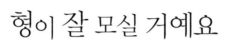

형이 잘 모실 거예요

얼마 전 경주로 출장을 다녀왔다. 함께 간 멤버는 60대 남성 한 분, 50대 남성 두 분이었다. 4시간 정도를 같은 차 안에서 가다 보니 초면인 분과도 이런저런 가정사를 이야기하게 되었다. 나의 최근 관심사인 '중년 이후 부부의 가정 내에서의 역할과 노후에 대한 부부 계획'에 대해 슬그머니 화제를 꺼냈다. 그랬더니, 남성분들도 할 얘기가 많은 모양이었다.

50대 김 사장님의 돌아가신 아버님께서는 유언으로 다음과 같은 두 가지 말씀을 남기셨다고 한다. '살아생전에 절대 마누라에게 재산을 넘기지 마라. 그리고 남자보다 힘이 세 보이는 체격이 큰 여자하고는 결혼하지 마라.'는 것이었다. 그래야만 남자가 늙어서도 대접 받고 산다고 하셨다 한다. '돈과 체력'이라는 물리적인 그러면서도 가장 현실적인 수단으로 아내를 복종시켜 감히 가정 내에서의 힘의 역전을 넘보지 못하게 하려고 했던 것이다.

　이런 이야기를 들으면 설마 아내들이 재산이 있다고 해서, 중년에 힘이 세졌다고 해서 남편을 무시할까라는 생각을 하겠지만 사람의 마음이 간사한 것이어서 여자들의 손아귀에 경제력이 들어오면 가정 내에서의 지위는 분명 달라질 것이다. 어쩌면 현명한 처사일지도 모른다. 그러나 한편으로는 애정이라는 유대감으로 이어져 있어야 할 부부관계에 그러한 '힘의 원리'가 분명히 작용하고 있다는 것을 인정하지 않을 수 없다.

　다른 한 분의 조 사장님께서는 얼마 전 가족끼리 모여 '노인 학대'에 대한 TV 프로그램을 보고 계셨다고 한다. 대학생과 고등학생 아들만 둘인 집인데, 그 프로그램을 보면서 둘째 아들이 "아버지하고 엄마는 걱정 마세요. 저런 일은 절대 없을 거예요." 라고 해서 내심 '우리 둘째 놈이 효자구나.' 라고 흡족하게 생각하고 있는데 그 뒤에 하는 말이 "아마 형이 잘 모실 거예요."라고 하더란다. 그러자 그 이야기를 듣고 있던 형이 동생을 도끼눈을 뜨고 짜려 보더란다.

　내리사랑이라고 한다. 부모가 자식을 사랑하는 것은 누가 시키지 않아도 지나칠 정도로 할 만큼 자연스러운 현상이지만, 자식이 부모를 모시는 일은 '효'라는 것을 교육시키듯 의식하지 않으면 하기 힘든 일인지도 모른다. 더구나 결혼을 하여 자신의 가정을 갖는다든지, 자신의 독립적인 삶을 살기 시작하면 이미 부모는 자신의 생활 속에서 최우선 고려 사항은 아닌 것이다.

　이미 한국의 60대 이하 세대들은 현재 결혼하여 자식이 있든 자식이 없는 싱글이든 자신의 노후를 자식에게 의지하려는 사람은 없을 것이다. 즉, 자녀의 유무는 이미 안락한 노후생활에 변수가 되지 않는다.

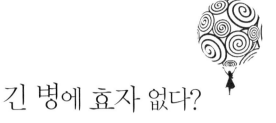

긴 병에 효자 없다?

현재의 오륙십 대는 당연히 부모를 모셔야 한다고 생각하는 마지막 세대이자 자식에게 부양 받기를 포기한 첫 번째 세대라고 한다. 그래서 자신의 노후를 전적으로 자신이 준비해야 한다고 생각하고 있다.

나에게는 나보다 스무 살 이상 위의 사촌오빠가 있다. 그 오빠의 어머니는 나의 큰 고모가 된다. 그 오빠는 명문대학 출신에 대기업에서 부사장까지 했지만 오십대 초반에 모든 회사생활에서 은퇴했다. 그 분께는 현재 91세의 노모가 계신데, 결혼한 후 줄곧 노모를 모시고 함께 살고 있다.

오빠의 부인인 올케언니는 현재 육십이 넘은 나이인데 약국을 경영하고 있다. 명문대학 약학과를 졸업한 재원이지만 오빠가 회사에서 잘 나갈 때는 약국을 할 이유가 없었다. 그런데 오년 전 환갑을 앞둔 나이에 약국을 시작한 것이다.

올케언니가 약국을 개업했다는 소식을 들었을 때 나는 오랜 시집살이가 힘들어 다시 일을 시작했을 것이라고 추측했다. 그런데 진짜 이유는 다른 곳에 있었다. 올케언니의 형제는 3남1녀 이고, 구십을 바라보는 친정 부모님이 계신다. 남자 형제들은 다들 대학을 나왔으나 사업실패, 실직 등의 여러 가지 이유로 부모님을 모실 수 있는 형편이 안 되었다. 더구나 아버님은 치매 증세를 보이고 계셨고, 어머님도 오랫동안 관절염을 앓고 계신데다 이 두 분만 따로 살고 계셔서 경제적으로도 힘든 상황이었다. 그래서 올케언니는 친정 부모님의 봉양을 위해 돈이 필요해 약국을 열게 된 것이다.

오빠와 언니 나이가 각각 67세, 65세이고, 아들, 딸 시집 장가보내 손주까지 있는데, 두 분은 아직도 양가 부모님의 경제적 봉양은 물론 신체적 수발까지 들어야 하는 형편이다. 아마도 한국에는 이런 집안 사정이 있는 오륙십 대 분들이 많을 것이다. 지금의 팔구십 대 노인들의 노후 대책은 그저 자식을 잘 키워놓는 것이었다. 자신의 노후를 위해 따로 적립을 해 놓기 보다는 자식들 공부만 제대로 시켜놓으면 자식들이 알아서 자신들을 봉양해 줄 것이라고 생각했던 것이다.

옛날에는 의료 기술이 오늘날처럼 발달하지 않아서 아이를 많이 낳아도 열 살도 되기 전에 많이 죽고, 아이를 낳다가 사망하는 여성도 많고, 대부분의 사람들은 환갑을 넘기지 못하고 사망했다. 그렇기 때문에 부모님을 봉양한다고 해도 그리 오랜 시간이 아니었다. "부모님이 사시면 얼마나 사신다고……." 이렇게 생각하며, 언제 끝이 날 줄도 모르는 긴 세월을 묵묵히 지낼 수밖에 없었다.

'긴 병에 효자 없다.'라는 말이 있다. 얼마 동안의 기간이 '긴 것'인가? '길다'라고 느끼는 기간은 사람마다 다르다. 어떤 사람은 한 달도 길다고 할 수 있고, 어떤 사람은 십 년도 길다고 생각하지 않을 수도 있는 것이다. 원래 '효'를 강조한 것 자체가 인위적인 것이다. 즉, 사랑이란 위에서 아래로 흐르는 것이지, 아래에서 위로 흐르기란 쉽지 않다. 그래서 교육이나 강요를 통해 그러한 사상을 주입시키는 것이다.

다시 말해서 '긴 병에 효자 없다.'라는 말은 '효자는 원래 없다'라는 말과 같은 것이다. 가끔 자격이 없는 부모의 자식 학대에 대한 뉴스가 화제가 되기도 하지만 부모가 자식에게 어떻게 사랑을 해야 하는가를 가르치는 일이 있던가? 하지 말라고 해도 극성스럽게 하는 것이 부모의 자식 사랑이다. 자연스러운 행위인 것이다.

의료 기술이 발달하여 어지간해서는 천수를 누릴 수 있는 세상이 되었다. 그러나 노인은 특별한 병이 없다고 하더라도 일반 가정에서 독립적으로 생활할 수 없는 상태로 되어 간다. 즉, 본인이 원하지 않더라도 누군가의 간병이나 수발이 필요한 상태가 된다. 한 번 이런 상태가 되면 다시 건강한 몸으로 돌아가기 힘든 것이 노인의 특징이기도 하다.

싱글 여성,
아직도 결혼을 꿈꾸다

　우리 친정 쪽 형제는 딸만 일곱이다. 다른 형제들은 다들 시집가서 그럭저럭 살고 있는데 가장 남자들에게 인기가 많았던 셋째 언니는 마흔 여덟이 되도록 자기 짝을 못 만나고 있다. 직장도 있고 그 동안 벌어놓은 재산도 있어 결혼에 미련이 없는 줄 알았는데 요즘 결혼정보회사에 등록을 해서 열심히 맞선을 보고 다니는 모양이다. 여러 명의 상대 남자의 프로필에 대한 의견을 물어오긴 하지만 아직 결혼 상대를 발견하지 못한 듯하다.

　어느 날 셋째 언니는 맞선이 뜻대로 되지 않는 듯 하소연이라도 할 량으로 전화를 걸어왔다. "뭐가 문젠데?" "그게 말이야. 일단 두 번 이상 만나고 싶은 상대가 없단 말야. 만나면 있잖니. 여하튼 밥을 먹으러 가잖니. 근데 그 1차 관문을 통과하는 놈이 거의 없다."

　"1차 관문이 뭔데?" "일단, 처음 만난 여자와 밥을 어디로 먹으러 가느냐 하는 거지. '식당선택'에서 그 남자의 센스와 수준을 알 수 있고. 식당이라는 델 들어가서는 뭘 주문하느냐? 주문할 때 종업원에게 어떤 태도로 주문하는가? 그리고 음식이 나왔을 때 어떻게 먹는가 하는 거지. 거의 대부분 이 단계에서 패스하는 놈이 없단 말야. 야! 생각해 봐라. 결혼하면 매일 같이 밥 먹고 살 거 아니니. 근데 이 부분에서 아니다 싶은데 어떻게 사니? 지난번에 한 놈이 겨우 1차 관문 통과해서 세 번 정도 만났는데 세 번째 만나고 나서 커플매니저에게 그만 연락하라고 했어."

"왜? 어땠는데?""야! 정치 이야기 나오니까 누가 공무원 아니랄까봐 완전 보수 권위주의자더라. 내가 이 나이에 미쳤다고 그런 고리타분한 사람하고 사냐? 매너도 좋고, 센스도 있고, 다 좋았는데. 나한테 맞는 사람은 진짜 없는 거니? 결혼정보회사를 바꿔야겠어."

"아마 내 생각엔 아무리 찾아봐도 대한민국엔 그런 사람 없을 걸. 그냥 혼자 살지 그래? 굳이 결혼해서 뭐 하고 싶은데?""그런 거 있잖니? 슈퍼에서 같이 장도 보고, 집에서 같이 음식도 만들어 먹고, TV도 같이 보고, 여행도 같이 가고."

"아이고. 우리 동네 그 나이 또래 아줌마들은 어떻게 하면 남편하고 따로 놀 수 있나 그거 생각하는데 그런 게 그렇게 하고 싶니? 가지 않은 길이라서 그래. 막상 해보면 금방 질릴걸. 특히 그 나이 또래 남자들이 여자에게 바라는 건 그런 게 아닐 거야. 포기하고 살

든지 외국 남자 중에서 골라 보든지." "나도 요즘 정말 절망적이
야. 어떤 날은 하루 세 명도 만나는데, 어쩜 다들 하나같이 바보들
같니? 남자들은 다 나보다 못한 것 같아."

"올바른 판단이야. 남자 품에 안길 생각을 말아. 내가 데리고 살
사람을 고른다면 모를까. 우리 아줌마들은 이미 그런 건 포기하고
사니까. 남자들은 여자보다 둔하고 더구나 나이를 먹으면 소심해
지기까지 하니까 아마 그런 환상을 갖고 있다면 일찌감치 단념해.
시집도 다 철없을 때 가는 거지." "그럼 나더러 계속 혼자 살라
고?"

"생각을 해봐! 언니가 마흔 여덟이면 소개 받는 남자들은 쉰 넘
은 사람들인데, 한국에서 그 연령 대 남자들이라는 게 언니처럼 결
혼에 대해 그런 환상을 갖고 있을 것 같아? 아니라니까. 남자들은
자기 말 잘 듣고 가정 편안하게 지켜줄 여자. 하녀이긴 한데 남들
한테 보일 때 조금 지적인 정도의 여자를 찾을거라구. 하여튼 내
생각엔 겨우 그런 남자 찾아내서 결혼해도 금방 후회할거야. 24시
간 한 공간에서 산다는 게 그 나이에 쉽겠어? 우리 같은 아줌마들
이나 철모를 때 결혼해서 미운 정 고운 정 다 들어 그런 환상 같은
거 포기하고 남편이 자식이려니 하고 사는 거지." "그래두 간혹 괜
찮은 남자도 있지 않니?"

"응, 한 5% 정도는 있을지 모르지. 근데 그런 사람은 다 유부남
이지 아직 남아 있을라구. 포기하고 지적 호기심 충당하면서, 주변

아줌마들하고 친하게 지내고 그냥 혼자 편하게 살아." "그래두 그
건……."

　나도 언니가 결혼해서 오손 도손 행복한 결혼생활이라는 걸 하
면서 외롭지 않게 살기를 바란다. 내 머리 속에도 언니의 결혼에 대
해서는 '환상'이 있다. 그러나 그렇다고 아무 남자하고 살 수는 없
지 않는가? 같이 안 사느니만 못한 사람하고는.

　사실, 언니는 모 방송국에서 40대 비혼녀의 성공적인 삶이라는
주제로 뉴스에도 나왔던 적이 있는 자타가 공인하는 '화려한 싱글'
이다. 그러나 경제적인 조건이 충족되었다고 해서 혼자 맞이하는
중년의 공허함까지 해결되는 것이 아닌가 보다. 혼자만의 생활에
충실하려고 글도 쓰고, 여행도 열심히 다니고, 운동도 하지만 한국
사회는 아직까지 일본만큼 여자가 혼자 맞이하는 노후가 그리 녹녹
치만은 않은 듯하다. 사실 남편이 있는 여자도 별반 다르지는 않지
만 말이다.

실버타운은 여성천국

경기도 용인에 있는 실버타운을 방문하여 입주자들이 함께 식사하는 식당에서 본 풍경이다. 입주자 200여 명이 동시에 식사하고 계신데, 넓은 식당에는 보이지 않는 구획이 정해져 있었다. 부부끼리 식사하는 테이블과 할머니들만 앉아계신 테이블이다. 부부끼리 식사하시는 곳은 별다른 대화 없이 조용히 음식만 잡수시고 계신 반면, 할머니들만 모여 있는 테이블에는 시종 웃음과 이야기가 넘쳐나고 식당메뉴 이외에도 각자 가지고 오신 밑반찬, 디저트 등이 풍성하게 차려져 있었다.

실버타운에 근무하는 사회복지사가 하는 말이 "여기 들어오신 싱글 할머니들은 나이를 거꾸로 드시는 것 같아요. 점점 생기가 넘쳐나고 피부에 윤기가 흐르세요. 당신들끼리 서로 챙겨 주시고 여가활동도 함께 하시니까 시간 가는 줄 모르신데요."하고 말했다. 한편, 할아버지와 함께 식사하고 계신 할머니들은 싱글 할머니들이 모여 있는 테이블이 궁금한 듯 식사를 마치고 나가시면서 그 테이블에 들러 잠시 이야기를 나누시는 모습을 곳곳에서 볼 수 있었다.

이곳에 계신 싱글 할머니들은 비교적 부유층에 속하시는 분들이라 남편이 먼저 사망하고 당신들 앞으로 상당 금액의 유산이 있으므로, 돌아가실 때까지 돈 걱정은 없는 분들이 대부분이다. 평균 연령은 76세로, 80대와 90대 고령자도 상당히 많다. 자식들도 이미 장성하여 육십이 넘은 자녀가 있는 경우도 흔하다. 그래서 그런지 자식들이 가끔 찾아와주면 고맙게 생각하고 평상시에는 입주자들끼리 어울려 여가 시간을 보낸다. 같이 한의원에 침도 맞으러 다니고, 좋다는 보약이 있으면 지어다 먹고, 저렴하게 검버섯 제거하는 피부과에 함께 몰려가서 시술도 받고, 찜질방도 다닌다.

시설에서 제공하는 연중행사로 계절을 느낄 수 있는 각종 여행을 다니기도 하고, 화제가 되는 세간의 인기 장소도 1일 코스로 구경한다. 시설 안에는 최신 설비의 노래방과 목욕탕, 미용실이 있고, 물론 클리닉도 있어 안심하고 생활할 수 있다. 몸이 아프면 부속시설인 전문요양시설에서 요양을 할 수도 있다.

남편이 먼저 세상을 떠나고 10년 이상을 혼자 보내는 할머니들이 많다. 그 할머니들 중에는 먼저 간 할아버지를 그리워하는 분도 있지만, 주변에 노부부가 함께 살며 할아버지 병 수발을 들고 있는 할머니들을 보면 그런 생각이 없어진다고 한다. 당신 한 몸 지탱하기도 힘든데 노구에 당신보다 등치가 큰 할아버지의 시중을 드는 일은 보통 힘든 일이 아니다.

사실 노인시설에서 간병 일을 하는 사람의 이야기를 들어보면 할아버지보다 할머니를 보살피는 것이 훨씬 쉽다고 한다. 일단 체격이 작아서 힘이 덜 들고, 간병인 여성인 경우가 많아 대소변이나 목욕 수발을 들 때 할아버지는 서로 불편해 한다는 것이다. 또한 할머니들은 자녀를 키워본 경험이 있고, 다른 사람의 시중을 들어본 경험이 있기 때문에 간병인들의 입장을 이해하고 고맙다는 인사도 자주 건넨다고 한다. 그래서 그런지 시설에 따라서는 할아버지를 꺼리고 할머니 중심으로 입소자를 선별하여 받는 경우도 종종 있다고 한다.

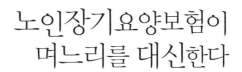

노인장기요양보험이
며느리를 대신한다

주위에서 보면 할머니보다는 할아버지들이 중풍으로 고생하는 경우를 더 많이 본다. 할아버지가 쓰러지면 처음에는 할머니들이 병 수발을 하지만, 할머니들도 노인이어서 할아버지의 병 수발을 드는 데는 체력적으로 한계가 있다. 그러나 요즘 할머니들은 자식들에게 폐가 될까 힘닿는 데까지 일단은 혼자서 애를 써본다. 그러나 그것 역시 역부족이라 자식들이 주말마다 오거나 임시로 간병인을 고용하기도 한다.

할아버지의 병 수발이 길어지고, 할머니의 체력이 한계에 다다르게 되면 가족들 내부에서는 시설로 옮기자는 의견이 나온다. 이때 아들들은 반대를 하는 경우가 많고, 대부분의 할아버지들도 시설에 가기를 원하지 않는다. 간병인을 고용하는 것도 찬성하지 않는 경우가 많다. 그럴 경우 아들은 가족들이 협력하여 돌봐드리면 되지, 본인이 원하지 않는데 시설에 보낼 수 없다고 주장한다.

그러나 이 때 돌봐드리고 있는 실제 '가족'은 누구를 의미하는가? 아들들은 대부분 직장에 다니거나 생업에 종사하고 있기 때문에 금전적인 지원은 하고 있을지 몰라도 신체 간병을 직접 하고 있는 경우는 드물다. 일주일에 한 번 목욕을 시켜드리는 정도면 그래도 나은 편이다. 여기서 말하는 '가족'은 실질적으로 며느리인 경우가 제일 많다. 그 다음으로 배우자, 딸의 순서이다.

의료기술이 발달한 덕분에 치명적인 질병에 걸리지 않는 한 목숨을 잃는 일이 줄었다. 웬만한 질병은 병원에 가면 치료가 가능하지만, 정작 퇴원했을 때의 상태를 보면 목숨은 붙어있으나 혼자서 자립적인 생활을 할 수 없고, 특히 노인들은 노화 현상이 수반됨으로 누군가가 돌봐주지 않으면 안 된다.

집에서 돌봐드린다고 해도 가족들은 간병의 프로가 아니다. 어디까지나 가족이기 때문에 정성껏 모시고 있을 뿐이지 의료나 간병에 대한 전문 지식이 있을 리 없다. 또한 간병 기간이 장기화되어 병세가 나빠지게 되면 고령자나 가족 모두 가정 내에서의 케어에는 한계를 느끼게 된다.

과거의 대가족 제도 안에서는 가정 내에서 가족 구성원 간에 보완적인 기능이 작용하였으나 지금처럼 핵가족 제도 안에서, 더욱이 여성의 사회참여가 당연시 되는 사회에서는 가정 내에서 그 기능을 담당할 사람은 없다.

240

그렇다면 고령화 사회에서 이 역할은 누가 해야 하는가? 지금에 와서 새삼스럽게 '효도'를 강조하며 과거처럼 가정 내에서 그 기능을 해야 한다면 과연 가족 구성원 중 누가 담당해야 하는가? 그렇기 때문에 이렇게 증가하는 고령자를 위한 사회적 대책을 사회 전체가 함께 구축하자는 취지로 만들어 진 것이 바로 '노인장기요양보험'인 것이다.

이 보험의 실시로, 집 안에 간병이 필요한 고령자가 발생해도 집안 식구들이 부담이 훨씬 줄게 되었다. 간병이 필요한 정도에 따라 등급판정을 받고, 필요한 시설서비스나 재가서비스를 신청하여 이용하게 됨으로써 가족들이 부담을 덜 수 있게 된 것이다. 비용적인 측면에서도 시설 이용 시는 본인부담 20%만 내면 되고, 집에서도 방문요양 등의 각종 서비스를 본인 부담 15%만 내면 이용할 수 있게 되었다.

급속한 고령화로 인해 정부에서도 고령화 대책의 일환으로 노인장기요양보험을 실시하고 있으나 아직은 규모나 내용면에서 만족할 만한 여건을 갖추고 있지는 못하다. 그러나 우리나라와 같이 충효 사상이 뿌리 깊은 나라에서 고령자의 간병에 대해 이러한 사회적 대응을 하고 있다는 것은 한 사람의 여성으로서 우리나라 사회가 매우 바람직한 방향으로 가고 있다고 생각한다.

일본의 개호보험 VS
한국의 노인장기요양보험

우에노 교수의 일본에 대한 서술은 한편으로 부럽기 짝이 없는 대목이 많이 등장한다. 특히 한국의 노인장기요양보험에 해당하는 일본의 개호보험은 그 취지나 보험 구성은 비슷하지만 규모나 내용 면에서는 전혀 다른 보험이라고 할 수 있다.

가끔 나에게 이 두 가지 보험을 비교해 달라는 요청이 오는 경우가 있는데, 나는 한마디로 다음과 같이 얘기한다. "일본은 100여 년 전부터 선진국이고, 우리나라는 선진국 문턱에 있는 나라라는 점이지요. 우리나라는 아직 선진국이 아니라는 겁니다." 선진국이 아니라는 점이 의미하는 것은 사회 전체의 복지 인프라가 취약하다는 것을 의미한다.

일본은 이미 오래 전부터 노인의료나 노인복지에 대해 체제를 정비해왔고, 눈부신 경제 성장을 거치면서 많은 혜택을 주어왔다.

그리고 2000년부터 시행된 개호보험을 통해 중산층 이상의 전국민으로 대상을 확대하여 간병을 사회에서 책임지는 시스템을 구축하였다. 사회적 약자에게 주는 수혜 차원이 아닌 이용자가 요양서비스의 소비자로서 제품 및 서비스를 선택하여 구매하는 시스템을 구축함으로써 복지 서비스의 질적인 면의 향상을 도모하였다.

시행 8년이 지난 지금 시점에서 일본의 상황을 보면, 일본 노인들은 중간 정도 생활 수준이 되면 그럭저럭 가족에게 신세지지 않고 요양시설이나 자기 집에서 요양 서비스를 받으며 노후를 보낼 수 있겠구나 하는 노후에 대한 청사진을 그릴 수 있게 되었다. 건강할 때 입소하여 집처럼 살 수 있는 실버타운이나, 몸이 아플 때 간호나 간병 서비스를 받을 수 있는 너싱홈과 같은 시설도 경제형편 및 거리, 시설 분위기 등을 고려하여 취사선택할 수 있는 다양한 시설이 생겨나, 여러 곳을 돌아다녀 보고 자신에게 맞는 시설을 고를 수 있게 된 것이다. 집에 간병인을 파견해 주는 회사도 다양하여 회사마다 상담을 해보고 서비스 태도나 요금 등을 고려하여 선택할 수 있다.

반면에 한국은 간병이 필요한 고령자는 고령자 중 12% 정도인데, 실제 정부에서 혜택을 줄 수 있는 규모는 3% 정도이기 때문에 나머지 9%는 결국 지금처럼 가족이 책임지거나 홀로 방치되는 상황이 계속될 수밖에 없다. 또한 보험 수급 규모가 작기 때문에 관련 분야의 질적 향상을 위해 절대적으로 필요한 민간기업의 참여가 적어 서비스의 질적인 부분의 개선이 어려울 것으로 보인다. 서비스 제공자가 경쟁을 통해 이용자에게 보다 좋은 서비스와 제품을 공급하기 위한 노력이 있어야 이용자 및 이용자 가족들도 그 전의 복지 차원보다 한층 향상된 서비스를 제공받을 수 있다. 즉, 한국은 양적인 면에서나 질적인 면에서나 복지 차원의 소극적인 제도일 뿐, 일본처럼 전국민이 이 보험의 혜택을 피부로 느끼기에는 좀 더 시간이 필요할 것이다.

개호보험이니, 노인장기요양보험이니 하는 것은 그 이름부터가 젊은 여성들에게는 너무나도 먼 미래의 이야기로 느껴질 수도 있다. 하지만 우에노 교수가 이야기하는 것처럼 여자는 '언젠간 싱글'이 될 운명에 놓인 것이 사실이며, 여자가 혼자 남겨졌을 때 혼자 남은 여성을 돌봐줄 사람은 그 어디에도 없다는 것 역시 사실이다. 그렇기에 오늘을 사는 여자라면 사회보장제도에 관심을 갖고 그 변화를 주도적으로 이끌어야 할 것이다. 젊은 여성들이여. 지금 준비하라. '언젠간 싱글'은 그렇게 먼 미래의 이야기가 아니다.

맺는말

처녀작 이래 오래간만에 단행본을 위한 원고를 썼다.

이것도 모두 출판 편집자 히로 유미코 씨 탓이다. 화끈한 성격에 분위기를 잘 타는 그녀와 함께 놀다보니 어느 새 내 앞에는 원고 의뢰가 들어와 있었고 정신을 차려보니 그녀는 공포의 원고 독촉 편집자로 변해 있었다. 언제나 일을 치밀하게 처리하는 아도라이브 기획실 다케이 마유미 씨로부터도 많은 도움을 받았다.

나를 포함해 우리 세 명은 모두 50대 싱글 트리오다. 이 세 명이서 트로이카 체제를 구축하게 된 것은 바로 이 책의 테마가 남의 일이 아니었기 때문이다. 우리 모두는 부모를 돌보는 일로부터는 점차 졸업하고 있는 상태지만 자신의 노후는 바로 눈앞에 닥쳐와 있다. 부모를 돌보면서 "엄마, 내가 옆에 있어 참 다행이지?"하고 말하며 속으로는 "내 노후는 어떻게 될까?"하고 불안에 휩싸여본 경험을 모두 가지고 있을 것이다.

생각해보면 싱글 여성은 지금까지 얼마나 많이 "나이 먹으면 어떻게 할 건데?"하는 협박을 받으며 살아왔는가. 게다가 세상에는 노후의 불안을 부채질하는 메시지가 넘쳐나고 있다. 자식이 있는 경우도 자식에게 의지할 수 있을지 어떨지 모르는 상황인데 하물며 '자식에게 의지하는 노후'가 애초부터 존재하지 않았던 당신은 앞으로 어떻게 할 것인가? 라고.

결혼하지 않으면 불행하다고 일컬어졌다.

그러나 결혼하지 않아도 나름대로 행복했다. 이혼하면 인생은 끝이라고 생각했지만 막상 해보니 전혀 문제 없었다. 부모가 되지 않으면 제 구실을 반밖에 하지 못하는 것이라고 일컬어졌지만 성숙으로 도달하는 길은 부모가 되는 것 이외에도 존재한다는 사실을 깨달았다. 싱글로 있다는 사실은 조금도 '불쌍'하거나 '불행'한 것이 아니다.

오래 살면 살수록 싱글은 늘어난다. 초고령사회, 장수한 사람들의 '전 국민 싱글 시대'가 바로 눈앞에 다가와 있다. 혼자 지낼 노후를 무서워하는 대신 혼자가 기본이 되는 생활을 향해 마주바라보고 서자. 불안이 사라지고 나면 싱글의 삶이 이렇게나 즐거워질 수 있다는 사실을 깨닫고 나 자신(그리고 우리)을 위해 이 책을 썼다.

그런 나의 등을 밀어준 것은 이미 싱글의 삶을 살고 있는 선배 여성들이다. 그녀들이 삶의 지혜를 축적해둔 덕분에 우리들은 불안해하지 않고 살아갈 수 있다. 언제나 그랬듯이 우리는 그녀들이

닦아놓은 길을 따라 열심히 걸어가기만 하면 된다.

불안이란 두려워하는 대상의 정체를 잘 알지 못할 때 일어나는 감정이다. 하나하나 불안의 원인을 제거해나가다 보면 이것도 저것도 모두 스스로 해결 가능한 것이라는 사실을 알게 된다. 만약 그것이 힘들다면 여자의 최후 무기가 있다. "도와줘, 부탁이야."하고 말하면 된다.

응? 남자는 어떻게 하면 되냐고?

내가 알 바 아니다.

여자에게 최대한 사랑받을 수 있도록 더 귀여운 남자가 되면 되겠네.

신록이 넘쳐흐르는 초여름 오후에

우에노 치즈코

S a v i n g
W o m e n ' s
F u t u r e

역자후기

1.

현대사회가 쓸데없이 스트레스가 높은 것에는 남성이 중심이 되어 사회를 만든 탓이 있다. 호전적 경쟁이라는 남성적 가치가 자원분배방식을 발전시켜온 결과라고 할 수 있는 것이다. 이것이 만약 여성주의에 기초한 사회 만들기였다면 돌봄(caring)의 가치에 기초한 자원분배방식이 발전되었을지도 모르는 일이다.

경쟁이란 승자와 패자를 나누는 게임의 끊임없는 반복이다. 승자와 패자를 구분하기 위해서는 비교의 과정을 거쳐야만 하는데, 서로 다른 것을 비교하기 위해서는 '틀'이 필요하다. 문제는 서로 질적으로 다른 것을 억지로 틀에 끼워 맞춰보고 우열을 가리는 데서 발생한다. 인생을 경쟁적 관점으로 저울질 하는 것이 문제가 되는 것도 바로 이 때문이다. 비교를 위한 틀을 가지고 각자의 인생을 들여다본 뒤 이건 성공한 인생, 이건 실패한 인생으로 규정한 다음

제시된 틀에 부합하는 성공한 인생에 대해 더 많은 보상에 대한 정당성을 부여하는 것이다.

결혼에 경쟁과 비교의 잣대를 들이대어 만든 것이 성공한 결혼과 실패한 결혼이라는 신화이다. 비혼, 이혼, 사별 등으로 혼자 살게 된 사람들은 현대사회가 규격화한 틀에서 벗어나 있으며 따라서 낙오자 '마케이누(負け犬)'로 규정된다. 그들은 무엇인가 정상적인 것에서 일부분을 결여한 불량품으로서 사회의 짐으로 인식된다. 바로 이 부분이 혼자 살아가는 사람들을 불안하게 하고 고통스럽게 하는 부분이다.

우리말에 과부(寡婦)라는 말이 있다. 뜻을 풀어보면 의지할 무언가가 없이 일부분이 부족한 상태의 부녀자를 뜻한다. 미망인(未亡人)이란 말도 있다. 이 말은 남편을 따라 같이 죽어야 하는데 그렇지 못하고 아직 살아있는 사람이라는 뜻이다. 남편이 먼저 죽고 혼자 남은 아내를 과부나 미망인으로 규정짓는 우리사회는 남편이 죽어 슬프고 외로워서 힘든 것보다 사회적으로 찍힌 낙인을 안고 살아가기가 더 힘든 사회다. 본인은 아무렇지 않은데, 오히려 이전보다 더 편하기도 한데, 남들은 계속 손가락질을 하며 고통스럽게 하는 것이다. 옷을 입어도 "남편 없는 여자가 저렇게 화려한 옷을 입나", 시장을 다녀도 "신랑도 없는 여자가 돌아다니네"하는 시선들. 잘 해도 못 해도 '팔자 센 과부'라는 꼬리표가 언제나 따라다닌다. 혼자 살아간다는 것, 특히 여성이 혼자 살아간다는 것은 이 모든 불쾌한 낙인과 고통에 어떤 식으로든 맞서야 한다는 것을 뜻한다. 그런 면에서 우에노 치즈코의 조언은 매우 유용하다.

우에노 치즈코가 말하는 '당사자주권주의'의 페미니즘에서는 '마케이누'도 삶의 권리를 부여받는다. '마케이누'는 부당하게 규정된 낙오자다. 저자가 '마케이누'의 반의어인 '가치구미(勝ち組)'에 '마케이누'처럼 개 견(犬)자를 쓰는 이유가 바로 여기에 있다. 어차피 부당하게 규정된 정체성이니 승리그룹이라는 규정도 의미 없는 정체성에 지나지 않는다는 것을 풍자적으로 전달하려는 의도인 것이다. 대한민국에도 '결혼에 실패한' 여성을 일컫는 수많은 표현이 존재한다. 그러나 이제 그녀들도 이 책을 읽고 저자가 전해주는 용기를 전해 받아 스스로를 규정하는 의미 없는 낙인들에 떳떳이 혹은 저자처럼 풍자적으로 맞서길 바란다.

2.

최근에 이런 이야기를 들은 적이 있다. 비혼 남자는 능력이 없어서 비혼이고 비혼 여자는 능력이 있어서 비혼이라고. 또 이런 이야기도 들었다. 요새 엄마들 재산목록 순위를 꼽으면 첫째가 〈돈〉, 둘째가 〈친구〉, 셋째가 〈(외로울 때 친구가 되어주는) 딸〉이라고 한다. 아빠들 재산목록은 첫째가 〈마누라〉, 둘째가 〈와이프〉, 셋째가 〈집사람〉이라고 한다.

이런 이야기를 듣고 있자면 진짜로 두려움을 느껴야 할 것은 여자가 아니라 남자라는 생각이 든다. 방심하고 있다가는 비참한 최후를 맞이하게 될지도 모를 일이다.

남성 여러분들, 우에노 선생님이 책 마지막에서 말하고 있듯이 여성들에게 귀여움 받기위해 노력할 것입니까? 아니면 세상을 변화시키는데 주도적으로 참여할 것입니까?

3.

책을 번역하는 과정에서 같이 원서를 강독하며 코멘트를 해준 연세대학교 사회학과 박사과정의 정승화, 조은주 누님들(^.^), 책을 소개해주고 번역을 권유해준 나기사 씨(內田なぎさ) 고맙습니다.

마지막으로, 번역된 원고를 같이 읽고 많은 이야기를 들려준, 언제나 나의 영감의 원천인 어머니, 장명숙 여사님(^.^)께 감사드립니다.

나일등

싱글, 행복하면 그만이다

초판 1쇄 인쇄 2011년 9월 26일
초판 2쇄 발행 2012년 9월 27일

지은이 우에노 치즈코
옮긴이 나일등
감 수 이완정
펴낸이 이범상
펴낸곳 (주)비전비엔피 · 이덴슬리벨

기획 편집 김시경 고은주 박월 노영지
디자인 최희민 김혜림
영업 한상철 한승훈
관리 박석형 이다정
마케팅 이재필 한호성 김희정

주소 121-894 서울특별시 마포구 잔다리로7길 12 (서교동)
전화 02)338-2411 | **팩스** 02)338-2413
이메일 visioncorea@naver.com
블로그 blog.naver.com/visioncorea

등록번호 제313-2009-96호
ISBN 978-89-91310-35-3 13320

· 값은 뒤표지에 있습니다.
· 잘못된 책은 구입하신 서점에서 바꿔드립니다.